JEANNETTE GRÄFIN BEISSEL VON GYMNICH

Starke Frauen

FOTOGRAFIE: CLAUDIA AST

editon JGB noblesse

OHNE WEIBLICHE
VORBILDER
GLAUBEN FRAUEN,
DASS SIE KEINE
CHANCE HABEN.

Seit der Publikation meines ersten Textbandes zu NRW-Frauen in Führungspositionen habe ich festgestellt, dass sich immer mehr Frauen als Unternehmerinnen und in leitenden Positionen erfolgreich behaupten.

Wer sind diese Frauen und was hat sie erfolgreich gemacht? Wie gelingt es ihnen, sich zu behaupten, und was machen sie anders als ihre männlichen Kollegen?

Dieser Frage gehen wir in unserem neuen Buchprojekt nach. Wir laden unsere Leserinnen und Leser ein zu schmökern, zu lächeln, zu bewundern und auch sich zu wundern. Lassen Sie sich inspirieren und freuen Sie sich auf spannende Geschichten!

Jeannette Gräfin Beissel von Gymnich

> # Nur wer Ehrgeiz, Neugierde, Mut und starke Vorbilder hat, kommt weiter!

Dr. Margarete Haase

Der Weg an die Spitze ist steinig und zäh. Heute sind 55 Prozent der Abiturienten weiblich, 50 Prozent der Hochschulabsolventen sind Frauen, der Pool an qualifizierten Managerinnen für Top-Positionen wird größer, Frauen sind gut vorbereitet für verantwortungsvolle Aufgaben, für Aufstieg und Beteiligung an Spitzenpositionen. Gleichwohl erhöht sich der Frauenanteil in deutschen Vorstandsetagen, vor allem in Ressorts mit direkter Geschäftsverantwortung, nur langsam. In der Startup-Szene setzen sich Frauen nur schwer durch, und die Zahl der Geschäftsführerinnen in Familienunternehmen wächst nur allmählich.

Was ist zu tun? Fehlen den jungen Frauen erfolgreiche Vorbilder? Ohne Vorbilder wird sich das Rollenbild kaum ändern! Deutschland ist ein ganz besonderer Fall. Wir liegen international sehr weit zurück bei der Beteiligung von Frauen in der Wirtschaft. Unvorstellbar, dass eine Frau eines der größten Automobilunternehmen des Landes führt, wie etwa Mary T. Barra in den USA. Die kulturellen Barrieren wirken hierzulande immer noch wie ein Klotz am Bein. »Rabenmutter« und »Ehegattensplitting« lassen sich nicht in andere Sprachen übersetzen. In der Gesellschaft werden immer noch Frauen stigmatisiert, die Karriere machen wollen, und Männer, die zuhause bleiben und sich voll der Kindererziehung widmen wollen.

Tiefgreifende kulturelle Veränderungen brauchen erfolgreiche Vorbilder. In der Politik ist die Durchlässigkeit für Frauen deutlich höher. Was können wir daraus lernen? Vor allem, dass die Visibilität von Politikerinnen das Selbstverständnis von Frauen als Führungspersönlichkeiten fördert. Zudem scheuen sich die meisten politischen Parteien nicht, eine Frauenquote anzuwenden. Unternehmen sträuben sich immer noch. Aber allein die Debatte um die Quote war ein Weckruf für vie-

Margarete Haase ist Mitglied der Regierungskommission für Corporate Governance, Vorstandsvorsitzende des Arbeitgeberverbandes Kölnmetall und im Aufsichtsrat von ING Group, Fraport AG, Osram AG und Marquard & Bahls AG vertreten.

Sie war von 2009 bis 2018 Vorstandsmitglied bei DEUTZ AG, davor Vorstandsmitglied bei Daimler Financial Services. 2011 wurde sie von der Financial Times Deutschland zur Managerin des Jahres gekürt.

le Unternehmen, die realisiert haben, dass sie ihre Pipelines mit weiblichen Talenten füllen müssen, auch ohne Quote! Ich meine, dass man in den Aufsichtsräten beobachten kann, dass Kulturwandel funktioniert. Die Diversität, die mit dem Einzug der Frauen in Aufsichtsräte einhergeht, bewirkt einen echten Kulturwandel. Dieser ist enorm wichtig und wird auch die Beteiligung von Frauen in anderen Sektoren voranbringen.

Weibliche Vorbilder in der Politik sind zahlreich vorhanden und in der Öffentlichkeit sichtbar. Dies fehlt meist in anderen Sektoren, vor allem in der Wirtschaft. Zwar gibt es inzwischen geeignete Frauen mit Vorbildfunktion, die aber weitgehend unbekannt sind. Deshalb freut es mich besonders, dass es mit dem vorliegenden Buch gelungen ist, erfolgreiche Frauen der Öffentlichkeit vorzustellen und damit die wichtige Funktion der Sogwirkung für noch unentschlossene Mädchen und junge Frauen zu entfalten. Nur wer Ehrgeiz, Neugierde, Mut und starke Vorbilder hat, kommt weiter!

Frauen können, wenn sie wollen! Frauen werden in den Top-Führungspositionen der Wirtschaft, der Medien und der Kunst gebraucht! Namhafte Studien zeigen, dass Gender-Diversität einen positiven Einfluss auf die Innovationskraft hat und gemischte Teams bessere Ergebnisse hervorbringen.

Ich würde mich sehr freuen, wenn dieses Buch möglichst viele Frauen motiviert, aus ihrer Komfortzone herauszutreten und sie inspiriert, den für sie geeigneten Karriereweg zu finden, sei es in der Wirtschaft, in den Medien oder in der Kunst.

INHALT

6

IMPRESSUM

Text	Jeannette Gräfin Beissel von Gymnich
Fotografie	Claudia Ast
Projektpartner	UBS Europe SE
Projektleitung	Christian Vogeler
Titelbild	Regina Schumachers
Verlag	jgb edition noblesse © 2019
ISBN	ISBN 978-3-00-063759-9
Druck	Bernhard Druck & Medien

Starke Frauen

Helen Becker

Erfahrung und Kompetenz im Trauerfall

Helen Becker geb. Römer wurde 1971 als Schwester von zwei Brüdern in Bonn-Bad Godesberg geboren. Ihr Vater arbeitete im Verlagswesen und ihre Mutter war Hausfrau. 1992 absolvierte sie ihr Abitur am Clara-Fey-Gymnasium in Bonn-Bad Godesberg. Nach einem Orientierungsjahr an der Oberen Handelsschule in Bonn wechselte sie zum alteingesessenen Bestattungshaus Becker, wo sie sich 1993 zur Bürokauffrau ausbilden ließ. 1996 heiratete sie Juniorchef Wilhelm Becker, mit dem sie heute das familieneigene Bestattungshaus leitet.
Die beiden haben zwei Kinder, Willi und Lilli.

Es ist 20 Uhr. Helen Becker und ihr Mann Wilhelm wollen den Abend mit einer schönen Flasche Rotwein und einem Teller dampfender Pasta genießen, da klingelt das Telefon. Der Bestatter wird gebraucht, denn soeben ist ein Mensch gestorben. Es ist ein Szenario, das sich oft wiederholt und auch nicht vor Ferientagen halt macht. »Der Tod kennt keine Tageszeit«, sagt Helen und deutet auf das Versprechen ihres Bestattungshauses: »Wir sind rund um die Uhr für unsere Trauernden und Hinterbliebenen da.«

D ie zierliche Frau mit den langen blonden Haaren begrüßt mich in einem hellrosa Pullover, modischen Hosen und flachen Schuhen – und hat damit so gar nichts gemein mit meinem Bild von einer Bestatterin. Sie ist fröhlich, kocht gern und liebt ihren Beruf, zu dem sie vornehmlich über die Liebe kam. »Fasziniert hat mich zunächst nicht die Arbeit als Bestatterin«, erklärt sie lachend. »Fasziniert hat mich mein Mann!«

In Bonn-Bad Godesberg, wo Helen geboren wird, wächst sie mit ihren zwei Brüdern in einem behüteten Elternhaus auf. Hier geht es sehr frei zu; verbindliche Zeiten gibt es nicht – ein Umstand, der ihr später den Einstieg in ihren heutigen Beruf nicht gerade erleichtert. »Ich musste erst lernen, was es bedeutet, ständig verfügbar zu sein«, erklärt sie nachdenklich und kommt zurück auf ihren beruflichen Werdegang. »Nach dem Besuch eines katholischen Gymnasiums habe ich zur Orientierung ein Jahr lang die Höhere Handelsschule in Bonn besucht«, erzählt sie. »1993 lernte ich meinen späteren Mann Wilhelm kennen. Der Liebe wegen entschloss ich mich zu einer kaufmännischen Ausbildung im Bestattungshaus seiner Eltern in Bonn.« Dass diese Ausbildung nicht nur Büro und betriebswirtschaftliche Kenntnisse um-

fasst, schreckt sie nicht. »Natürlich hatte ich von Anfang an Kontakt mit Verstorbenen«, erinnert sie sich, »doch hat es sich anfangs öfter um friedlich eingeschlafene ältere Menschen gehandelt als z. B. um Unfallopfer.« Das Einarbeiten in den Umgang mit dem Tod erfordert viel Fingerspitzengefühl. Zu Beginn ihrer Ausbildung wird die junge Frau von den Eltern ihres Verlobten auf die für sie gänzlich neue Arbeitswelt vorbereitet.

»Nach einer Einweisung in die Büroarbeiten wurde ich behutsam an die Trauergespräche mit Hinterbliebenen herangeführt«, erinnert sie die erste Zeit. »Jeder Bestatter hat seine eigene Art mit den Angehörigen umzugehen, was gut ist.« Voraussetzungen sind ein psychologisches Gespür und das Einfühlen in die jeweilige Trauersituation. »In einigen Fällen begegnen wir Familien, die sich lange nicht gesehen haben und sehr unterschiedliche Vorstellungen zum Ablauf der Beerdigung haben«, führt sie Beispiele an, »oder auch solchen, die zutiefst schockiert reagieren, weil sie nicht auf das Abschiednehmen vorbereitet waren.« Wieder andere hätten ihre Angehörigen durch eine lange Krankheit begleitet und das Ende kommen sehen; und schließlich gebe es noch die Menschen, die vor lauter Trauer mit der Situation völlig über-

fordert seien. Es gilt den Angehörigen zur Seite zu stehen und sie an die Hand zu nehmen und ihre individuellen Wünsche umzusetzen.

»Manche wünschen eine Feuer-, andere eine Erdbestattung, Seebestattung, Waldbestattung oder eine ganz anonyme.« Das alles gehöre zum Grundwissen, wie auch der Umgang mit Versicherungen, Rentenstellen und Krankenkassen und die Kenntnisse über die entsprechenden Friedhöfe und Kirchen und deren Usancen. »Jedes Bundesland hat seine eigenen Regularien, da wir nicht nur für unsere Familien in Bonn beerdigen, sondern deutschlandweit, muss man die Bestimmungen kennen.« Beerdigungen für Christen, Weltliche und andere Religionsgemeinschaften seien an der Tagesordnung. Genauso wichtig in der Ausbildung ist der Umgang mit dem Verstorbenen gewesen, erzählt die junge Unternehmerin, dazu gehört die hygienische Versorgung, das Ankleiden und Herrichten, sowie die Vorbereitung zur offen Abschiednahme am Sarg. »Ich hatte nie Angst oder Scheu«, sagt sie, »sonst wäre ich in diesem Beruf fehl am Platz.«

Seit der Firmengründung im Jahre 1888 durch den Schreinermeister Anton Becker ist das Familienunternehmen in Bonn-Bad Godesberg ansässig und von Generation zu Generation weitergegeben worden. »Mein Schwiegervater war genau wie seine Vorfahren gelernter Schreinermeister.« Mit dem allmählichen Rückzug der Eltern aus dem Betrieb wird die Schreinerei aufgegeben, um sich ausschließlich mit Bestattungen zu befassen. Eine umfangreiche Tätigkeit, die immer häufiger schon vor dem Tod beginnt. »Viele ältere Herrschaften kommen zu uns, um die Abläufe der eigenen Beerdigung vorzubereiten und unser Angebot der Vorsorge wahrzunehmen«, erklärt Helen. »Einige möchten ihre Kinder nicht damit belasten, andere haben keine Nachfahren; manche wiederum möchten sicher gehen, dass ihren persönlichen Wünschen entsprochen wird.« Die Gespräche werden in einem mit gedämpftem Licht beleuchteten Raum geführt, der zur Straße liegt. Bunte Glasscheiben schützen vor dem Blick neugieriger Passanten. Hier ist man unter sich und fühlt sich geschützt und geborgen.

Was genau passiere, wenn der Todesfall eintritt, möchte ich wissen. »Grundsätzlich muss ein Bestatter rund um die Uhr erreichbar sein«, sagt Helen. Das funktioniere am besten, wenn beide Ehepartner den gleichen Beruf ausübten und

> ## „
> Von guten Mächten wunderbar geborgen,
> erwarten wir getrost, was kommen mag. "
>
> Dietrich Bonhoeffer

bereit seien, daneben auf einiges zu verzichten. »Wir teilen uns bei privaten Veranstaltungen auf«, erklärt sie, »und haben unsere Kinder schon früh daran gewöhnt, dass sie nie zu 100 Prozent mit der Anwesenheit beider Eltern bei besonderen Anlässen rechnen können. Auch in den Urlaub fahren wir getrennt.« Arbeiteten die Ehepartner in unterschiedlichen Berufen, sei eine gemeinsame Lebensplanung wie die ihre kaum vorstellbar.

Anhand des eingangs beschriebenen Telefonats erklärt mir Helen das weitere Vorgehen. »Erreicht uns ein Anruf, fahren wir zur Trauerfamilie. Ist der Verstorbene zuhause eingeschlafen, so war in der Regel der Arzt schon da. Erstmal steht die Versorgung und die Überbringung in unsere dafür vorgesehen speziellen Räumlichkeiten im Vordergrund. Dann wird durch uns und unsere Mitarbeiter der Verstorbene speziell versorgt, dafür haben wir extra Fortbildungen durchlaufen bzw. thanatologische Kenntnisse erworben. Die Beratung und Aufklärung über alle Bestattungsfragen und das Trauergespräch finden im Anschluss bei uns im Bestattungshaus oder im Zuhause der Angehörigen statt.«

Auf meine Frage, was sie in den letzten Jahren sehr bewegt hat, sagt Helen: »Besonders in Erin-

nerung ist meinem Mann und mir die Beerdigung eines erst 17-Jährigen, welcher an den Folgen eines gewaltsamen Überfalls verstorben ist.« Der Fall ging seinerzeit bundesweit durch die Presse. Nicht nur weil er im gleichen Alter war wie unser Sohn Willi, ging uns dieser Tod besonders nahe. »Beeindruckt haben uns vor allem seine Mutter und die Familie, die mit übermenschlicher Stärke durch diese Zeit gegangen sind. Wir waren sehr dankbar, dass wir sie auf diesem Weg begleiten durften.«

Nun könnte man meinen, dass sie die ständige Berührung mit dem Tod deprimiere. Doch das verneint Helen Becker vehement. »Die Trauergespräche sind mitunter nicht immer nur traurig«, berichtet sie lächelnd. »Es werden Anekdoten und besondere Momente aus der Familie und von dem Verstorbenen erzählt, die durchaus fröhlich sein können.« Die Zeit, die man mit der Trauerfamilie verbringe, sei sehr intensiv, auch die Gespräche über die gewünschte Art der Bestattung. »Man muss an so viel denken, den Friedhof aussuchen, den Blumenschmuck, Zeitungsanzeigen, Trauerdrucksachen, den Pastor, Pfarrer oder Redner/in, Musik, CD-Anlagen, Dia-Show, Leinwandfotos, Fotograf, das Lokal für das Trauerkaffee im Anschluss an die Beerdigung. Wenn alles perfekt

organisiert war und unsere Familie sich gut aufgehoben gefühlt hat, kann ich durchaus zufrieden
nach Hause gehen – im Wissen, ich habe alles
zusammenbringen können, was den Wünschen
meiner Familien entspricht.«

Zur Entspannung kocht sie gemeinsam mit ihrem Mann dann am liebsten etwas Leckeres mit
Freunden und ist erfüllt von ihrem abwechslungs-
reichen und intensiven Beruf.

Wie das Familienunternehmen eines Tages wei-
tergeführt wird, frage ich zum Abschied. Können
sich die Kinder vorstellen, in die Fußstapfen der
Eltern und Großeltern zu treten? »Beide sind mit
dem Betrieb groß geworden«, sagt Helen. Täglich
seien sie als Kinder mit ins Bestattungshaus gekommen und hätten keine Berührungsängste im
Umgang mit den Verstorbenen empfunden. Beide arbeiten schon einige Zeit aushilfsweise mit
im Betrieb.« Noch sind beide im Studium, jedoch
nicht abgeneigt, die lange Tradition des Bestattungshauses Becker eines Tages fortzuführen.

Karin Burmeister
Zuhören. Verstehen. Beraten.

1967 wurde Karin Burmeister geb. Janßen als Schwester von zwei älteren Brüdern in Köln geboren. Ihr Vater war Wirtschaftsprüfer mit einer eigenen Sozietät, die Mutter Hausfrau. Nach ihrem Abitur folgte ein Studium der Betriebswirtschaftslehre an den Universitäten Freiburg und Köln mit mehreren Auslandsstationen und dem Abschluss 1991 als Diplomkauffrau. Danach durchlief sie verschiedene Etappen bis zur Personalleiterin und später Geschäftsführenden Gesellschafterin für Operation und Vertrieb in einem großen mittelständischen Dienstleistungsunternehmen. 2006 gründete sie gemeinsam mit einer Partnerin die Unternehmensberatung burmeister & partner. Karin Burmeister ist verheiratet, hat drei eigene und zwei Patchwork-Kinder und lebt in Köln.

»Als Nesthäkchen mit zwei älteren Brüdern, die ich vergötterte, durchlebte ich eine unglaublich heile Kinder- und Jugendzeit«, beschreibt Karin Burmeister ihr Kölner Zuhause. Hier wird sie 1967 als Tochter eines selbstständigen Wirtschaftsprüfers geboren. »Meinen Vater habe ich sehr geliebt und mit meiner Mutter verband mich eine enge Symbiose«, erzählt sie. Ihre Großmutter Philippa wird später sogar zu ihrem Vorbild. »Gestorben ist sie als blinde Frau mit 104 Jahren. Doch bis zum Schluss fand sie Gefallen am Leben.« Ihre liebevolle Beziehung zu den Brüdern beschert Karin von Kindheit an ein sicheres Auftreten gegenüber dem männlichen Geschlecht. »Ich hatte später nie das Gefühl, mich gegen Männer auflehnen zu müssen«, erklärt die zierliche Frau mit dem blonden Kurzhaarschnitt. »Ich ging immer meinen Weg und konnte im Studium stets auf Augenhöhe mit den männlichen Kommilitonen lernen und diskutieren.«

Wir treffen uns in einem umgebauten Altbau in der Kölner Innenstadt. Vorbei an altmodischen Schildern, die an ehemalige Handwerksbetriebe im Hofgebäude erinnern, führt ein Durchgang in den Innenhof. Ein modernes Yogastudio hat sich hier etabliert. Nichts deutet darauf hin, dass in dieser Gegend nachts das Leben in den Bars und Kneipen pulsiert. Im Inneren des Hofs herrscht eine wohltuende Ruhe. Hinter der Eingangstür des Büros im ersten Stock zeigt mir Karin Burmeister zur Begrüßung eine große Tafel. Sie nutzt diese als Tool, um mit ihren Kunden deren Unternehmenskultur strategisch zu entwickeln. »Dass ich mich einmal selbstständig machen würde, war mir nicht von Anfang an bewusst«, beginnt sie mit der Geschichte ihres Werdegangs.

»Nach meinem Abitur fing ich mit einem BWL-Studium in Freiburg an und lernte dort bereits am ersten Tag Klaus Lüchau, meinen späteren Mann, kennen.« Nach Erlangen ihres Vordiploms im Jahr 1988 entschließen sich beide, für ein sechsmonatiges Praktikum zu Price WaterhouseCoopers – damals noch Coopers & Lybrand – nach Kanada zu gehen, und nutzen die freie Zeit für ausgiebige Reisen durch den nordamerikanischen Kontinent. »In der Firma arbeiteten wir in verschiedenen Abteilungen; ich fing bei der Wirtschaftsprüfung an und hatte das große Glück, bald zu Human Ressources wechseln zu können.« An der Hand eines Mentors erkennt sie bald, dass nicht das Ausrechnen von langwierigen Balance Sheets ihre Leidenschaft ist, sondern im Personalwesen der psychologische Aspekt an der Arbeit mit Menschen.

Zurück in Köln, muss sie jedoch erkennen, dass in der Domstadt kein Studium in Personalmanagement angeboten wird. »So entschied ich mich für die Schwerpunkte Marketing, Organisation sowie Wirtschafts- und Sozialpsychologie und verband das mit einem weiteren Praktikum, diesmal für ein

Papierunternehmen in Paris, um meine Französischkenntnisse zu vertiefen.« Es werden vier herrliche Monate, in denen sie tief in die französische Lebenskultur einsteigt. »Unser Büro war weit draußen, und mittags verschwanden meine Chefs immer für einige Stunden«, erinnert sie sich lachend. »Da es in dieser Gegend keine Restaurants gab, wunderte ich mich, wohin sie sich immer begaben.« Bis die beiden Herren eines Tages eine unscheinbare Tapetentür im Chefbüro öffnen. »Dahinter verbarg sich eine wunderbare Küche, in der mittags immer köstlich gekocht wurde. An einem riesengroßen Tisch wurde dann ausgiebig getafelt, und ich durfte oft daran teilnehmen.«

In Köln nimmt sie danach ihr Studium wieder auf und findet Unterstützung durch ihren Professor. »BWL war damals immer noch recht männerdominiert«, unterstreicht sie ihren Eindruck mit der Schilderung eines Erlebnisses: »1990 nahm

unser Professor mich und einige andere Studenten mit, um ein Organisationsprojekt für die Deutsche Bahn hautnah erleben zu können. Wir trafen uns mit den Vorständen in deren Etage – ich war wieder einmal die einzige Frau.« Als sie eine Assistentin nach der Toilette fragt, antwortet diese ihr überrascht: »Auf Vorstandsebene gibt es keine Toiletten für Damen.« Eher amüsiert als brüskiert lächelt sie noch heute über diese Anekdote. »Ich denke, das hat sich mittlerweile geändert.«

1991, nach dem Abschluss ihres Studiums und dem Erlangen des Diploms, bewirbt sich Karin Burmeister beim viertgrößten deutschen Unternehmen für Sicherheitsdienstleistungen in Köln und findet auch hier eine Arbeitswelt vor, die von Männern dominiert wird. Bald ist sie für Versicherungsthemen und Qualitätsmanagement zuständig und fühlt sich wohl in ihrem Umfeld, auch wenn dies nicht unbedingt akademisch geprägt ist: »Ich habe meine Arbeit geliebt, und

als nach unserer Heirat 1995 unser erster Sohn geboren wurde, konnte ich mich nicht dazu entschließen, den mir zustehenden Mutterschutz zu nehmen.« Ihre Umgebung nimmt es gelassen, wenn sie mal kurz das Büro verlässt, um zu stillen, und anschließend wieder an ihre Arbeit zurückkehrt. »Die Männer fanden mich etwas verrückt«, lacht sie im Rückblick, »sie akzeptierten mich aber und respektierten meine Leistung.« Den Hauptteil ihres Verdienstes investieren die jungen Eltern in eine gute Kinderfrau, um Beruf und Familie vereinbaren zu können. Gewissensbisse werden trotzdem zum ständigen Begleiter.

Fünf Jahre lang erklimmt sie weiter die Karriereleiter, wird Personalleiterin und lässt sich auch nicht vom gelegentlich aufkommenden Neid der männlichen Kollegen abhalten. 1999 – ihre zweite Tochter ist gerade geboren – bietet man ihr die Geschäftsleitung als Chief Operating Officer der Firma an. »Ich nahm die Herausforderung an und fand sie großartig.« Wie schon in Kanada trifft sie auf einen besonderen Mentor im Beirat. »Er war für mich wie ein spiritueller Lehrer und unterstützte mich bei meinen Ideen.« In der Geschäftsführung wird gemeinsam eine Umstrukturierung und Verflachung der Hierarchieebenen entschieden und Karin muss Personal abbauen. »Es waren unglaublich anstrengende Gespräche, bei denen ich viel gelernt habe.«

Eine harte Lehre. Die Erkenntnisse daraus werden später in ihre Führungstrainings einfließen. »Man muss mit seinen Mitmenschen immer sehr klar umgehen«, sagt sie. »Ein frühes Erwartungsmanagement im Führen von Mitarbeitern ist dabei das A und O.« Dass einige ihrer ehemaligen Mitarbeiter ihr nach der Entlassung sogar danken, scheint zunächst überraschend. »Manche trauten sich einfach nicht zuzugeben, dass sie für die Position, die sie eingenommen hatten, falsch besetzt waren. Das klare Aufzeigen des eigenen Weges – auch wenn es noch so schmerzen mag

– ist in solchen Situationen immer sehr hilfreich!« Die Herausforderungen in der Firma gehen einher mit einer persönlichen Krise in der Ehe der Lüchaus. Das Paar trennt sich freundschaftlich, auch hier mit einem klaren Wochen- und Jahresplan, da die Kinder höchste Priorität haben und Struktur brauchen. Es hat sich gelohnt: Die auf beiden Seiten noch weiter gewachsene Patchwork-Familie versteht sich bis heute bestens.

Als sich ein neuer Vertriebschef namens Andreas Burmeister im Unternehmen bewirbt, notiert sich Karin in der Akte: »Das ist ein guter Mann, aber schwer zu führen.« Laut lacht die sympathische Unternehmerin auf. »Das gilt bis heute, denn wir kamen uns näher und haben 2006 geheiratet.« Beide sind hochmotiviert. Die Zusammenarbeit klappt sensationell – bis der Mehrheitsgesellschafter 2006 entscheidet, das Unternehmen zu verkaufen. Ein schrecklicher Schlag für die Geschäftsführerin, die sich mit der Firma inzwischen zutiefst verwurzelt fühlt. Inzwischen schwanger mit ihrem dritten Kind, verlässt sie das Unternehmen unter dem Vorwand, sich fortan der Familie widmen zu wollen. »Ich wollte nicht, dass die Mitarbeiter eine Meinungsverschiedenheit unter den Gesellschaftern mitbekommen und unruhig werden«, erklärt sie den mutigen Schritt. »Abgenommen haben sie es mir jedoch nicht.«

Kurz vor ihrer Entbindung klingelt es an der Haustür. Ihre Führungsmannschaft hat für sie eine Abschiedsfeier organisiert mit einem eigens gedrehten Film, Reden und Gedichten. »Das war für mich eine tolle Bestätigung meiner Arbeit.« Nach der Geburt der kleinen Tochter hält sie den Kontakt, auch zu ihrem ehemaligen spirituellen Mentor. »In vielen Gesprächen und Coachings mit ihm entwickelte sich die Idee, das, was mich immer getrieben hat, umzusetzen und in eine eigene Beratungsfirma einfließen zu lassen. Schließlich wurden aus beruflichen und privaten Krisen große persönliche Chancen.«

> **Es geht uns um die abgestimmte, ganzheitliche Entwicklung der Organisation, der Mitarbeiter und der Unternehmenskultur.**
>
> Karin Burmeister

Ende 2006 ist es soweit: Die erfahrene Geschäftsführerin gründet gemeinsam mit ihrer Partnerin, Caroline Schultz, das eigene Unternehmen burmeister & partner. »Wir sind im gehobenen Mittelstand unterwegs«, erläutert sie ihr Konzept, »Mein Part ist es dabei, mit Inhabern und Management die Strategie des Unternehmens zu diskutieren und die Organisation, die Menschen und die Kultur zu entwickeln. Durch Beratung, Training und Coaching werden die Lösungen zielgerichtet und individuell umgesetzt.« Alles müsse ganzheitlich ineinandergreifen, damit die Unternehmensstrategie von den Mitarbeitern gelebt werden kann. Als ausgebildete systemische Coach und Aufstellerin kann sie auch Beziehungen und Verstrickungen in Organisationssystemen sichtbar machen und im Coaching nach Lösungen suchen: »Ich arbeite – wenn es sich anbietet – im Einzelcoaching mit den Playmobilfiguren als Aufstellungsfiguren, damit der Coachee sein eigenes System sehen und verstehen kann.«

Was noch zu Change Management gehört? »Gute Führung und gute Kommunikation«, erklärt sie und zeigt auf die eingangs gesehene Tafel. Die »9 Levels of Value System« sind ein Werkzeug zur Messung und Entwicklung von Wertesystemen von Menschen und Organisationen. Und hierin liegt eine große Leidenschaft von Karin Burmeister und ihrem Team; ihre Kunden schätzen dabei die Pragmatik und unternehmerische Ergebnisorientierung.

Zum Ende unseres Gesprächs gehen wir noch einmal in ihr persönliches Büro. Das Gemälde dort zeigt einen von Kinderhand gemalten Vogel, der von einer befreundeten Künstlerin großformatig auf Leinwand übertragen worden ist. Ich sehe darin ein Symbol dafür, sich zu trauen, die Flügel auszubreiten, loszufliegen und seinen Träumen zu folgen, so wie Karin Burmeister es vorlebt und mit ihrem Team anderen in voller Klarheit anbietet.

Elisabeth Decker

Mit Werten und Engagement zur eigenen Agentur

Elisabeth Decker wurde 1966 als jüngstes von fünf Kindern in Brilon geboren. Nach ihrem Studium an den Universitäten in Frankfurt am Main, Rom, Bonn und Köln, das sie in den Fächern Kunstgeschichte, Archäologie und Geographie abschloss, machte sie zunächst eine Ausbildung zur Film- und Medienmanagerin. Zeitgleich schrieb sie an ihrer Doktorarbeit. Nach ihrer Promotion 1994 arbeitete sie zunächst als Redakteurin und wenig später als Redaktionsleiterin bei der West Net AG in Bonn. 2003 machte sie sich mit einer eigenen Filmproduktion selbstständig, aus der 2006 die Kommunikationsagentur und Filmproduktion Meavision Media hervorging. Neben zahlreichen Filmpreisen gewann sie 2013 den großen Preis des Mittelstands. Sie ist verheiratet, hat zwei Kinder und lebt mit ihrer Familie im Bergischen Land.

Wertschätzung und Respekt – zwei Attribute, die Elisabeth Decker bereits in ihren Kindheitstagen verinnerlicht hat. Auf dem heimischen Bauernhof der Eltern erlebte sie schon früh einen ganz besonders engen und intensiven Familienzusammenhalt. Regelmäßig kamen auch Verwandte, für die jederzeit ein Gästebett bereit stand, und halfen mit, wo sie nur konnten. Denn Arbeit gab es auf dem Hof viel und die Verwandtschaft, auch die weitläufige, hatte eine ganz beeindruckende Art, die Dinge zu sehen, Augen offen zu halten und dabei umsichtig alles zu erkennen, was zu helfen oder zu reparieren war. Diese Form der Wertschätzung, des Zusammenhalts und auch des Respekts untereinander machte mächtig Eindruck schon bei der kleinen Elisabeth – die Gastfreundlichkeit ihrer Eltern inklusive. Die Helden ihrer Kindheit waren ihre Eltern Maria und Franz, die ihrer Tochter Elisabeth Fürsorge und familiäre Wärme schenkten und ihr eine große Liebe zur Natur vorlebten. Ihr Vater setzte sie am Abend auf das heimische Fenstersims und zeigt ihr die Sterne – und erklärte, wie wichtig die Umwelt, die Natur ist, dass man auch ihr gegenüber umsichtig, wertschätzend und respektvoll sein soll. All das hat Elisabeth nicht vergessen und lebt diese universellen Werte des Umgangs im Mit- und Füreinander noch heute in ihrer eigenen Agentur – sowohl ihren Kunden gegenüber, als auch mit ihren Mitarbeitern.

Aufgewachsen ist Elisabeth Decker auf dem heimischen Bauernhof bei Brilon. »Meine Eltern lebten mir wichtige Werte und Tugenden vor«, meint die sympathische Frau mit den dunklen halblangen Haaren. Fleiß und ein respektvolles Miteinander spielen innerhalb der Familie eine bedeutende Rolle – Werte also, die die Eltern ebenso für den eigenen Betrieb stets hochhalten. Dies nimmt Elisabeth mit auf ihren Weg, doch sie hat auch ihren eigenen Kopf, ist ein neugieriger Mensch, ein kreativer Freigeist und folgt gerne ihrem Herzen.

Nach ihrem Abitur im Jahr 1987 denkt sie zunächst an Studiengänge in Fachrichtungen wie VWL und BWL. Doch ihr Herz und ihre Leidenschaft führen sie stattdessen zu Kunstgeschichte, Archäologie und Geographie. Dass sie dafür das Graecum nachholen muss, bedeutet für sie kein Hindernis. Von 1989 bis 1990 besucht sie die Università di Roma, wo sie sich besonders dem Thema »Pegasus« annimmt. »Aus dessen Hufschlag entstand die ›Musenquelle‹«, erklärt Elisabeth und fügt hinzu, »die Quelle, von der man sagt, alle Dichter

würden aus ihr trinken.« Italien fasziniert die junge Studentin mit seinem Flair und der Leichtigkeit des Lebens. Sie liebt das Gefühl des Dolce Vita, welches im gesunden Kontrast steht zum nachgesagten Naturell Deutschlands. Italien und das italienische Lebensgefühl werden zur kreativen Inspirationsquelle für Elisabeth, sodass sie dieses Land fortan besucht, so oft es ihre Zeit zulässt. Zurück in Köln wählt sie ihre Magister-Arbeit über die Symbolik von Pegasus, angefangen von der Antike bis hin zur Moderne. Ihrem Professor präsentiert sie eine derart umfangreiche Inhaltsangabe, dass dieser die Hände über dem Kopf zusammenschlägt und ihr bei aller Ambition zum Kürzen rät. 1991 erlangt sie ihren Magister Artium und entschließt sich zu einer Ausbildung zur Film- und Medienmanagerin. »Ich hatte während meines Studiums in Köln und Bonn beim Taschen Verlag als Lektorin gearbeitet sowie beim WDR, beim Radio und bei diversen Zeitungen. Da mir dies so viel Freude bereitet hat, lag es nur nahe, in diese Richtung weiter zu gehen und meiner Leidenschaft zu folgen.« Doch hat ihr Professor die umfangreiche Präsentation nicht vergessen und empfiehlt ihr,

> **Der Weg, der sich unter meinen Füßen zu formen beginnt, ist das Ziel!**
>
> Dr. Elisabeth Decker

mit diesem Stoff noch eine Doktorarbeit zu schreiben. »Auf meinen Einwand, dass ich mein BAföG aufgebraucht habe und arbeiten müsse, bot er mir an, ein Stipendium zu organisieren.« 1994 ist es dann geschafft. Als frisch promovierte Kunsthistorikerin beendet Dr. Elisabeth Decker ihre Studienzeit und nimmt eine Stelle als Redakteurin bei der Bonner Niederlassung der Münchner West Net AG an. »Ich habe diese Arbeit geliebt«, sagt die zu dieser Zeit in Köln lebende junge Frau, die sich hauptsächlich um das interne Business-TV der Deutschen Post kümmert. Als das Unternehmen 1999 in das ehemalige Hauptstadtstudio des Senders Sat.1 zieht, übernimmt Elisabeth die Leitung der Niederlassung Bonn. »Als die West Net AG 2003 verkauft wurde, hat man mir einen Posten in München angeboten«, erinnert sich Elisabeth. Doch sie hat andere Pläne – auch privat. »Wir hatten schon einen Bauplatz für ein eigenes Haus«, erklärt sie ihre Entscheidung.

»2003 habe ich mich mit einer Agentur für Filmproduktion selbstständig gemacht.« Aus der Verbindung von »Alphatier« und »Pegasus« gibt sie der Agentur den Namen Alphapeg, der später – ihrer Vision folgend – in MEAVISION übergehen soll. »Meine Vision«, sagt sie, »ist es, mit Menschen und für Unternehmen zu arbeiten, die meine Wertvorstellungen teilen!« Die sind gleichermaßen anspruchsvoll wie einfach. Wieder fallen die Worte Respekt und Wertschätzung. »Ich begegne meinen Kunden immer mit großer Offenheit – auf diese Weise gelingt es mir, die Welt mit ihren Augen zu sehen, für sie das Bestmögliche zu erreichen.« Meist handle es sich bei ihren Aufträgen

um das Entwickeln einer neuen Marke, oder darum, ein Unternehmen und seine Ideen oder Visionen zu verfilmen. »Ich muss mich sehr gut in die Anforderungen meiner Kunden hineindenken und hineinfühlen. Nur so ist es mir möglich, deren Markenstrategie sowie Ambitionen zu verstehen und meinem Team zu kommunizieren.« Empathie sei also enorm wichtig, genauso wie ein Miteinander auf gleicher Augenhöhe. Ein wertschätzendes Mit- und Füreinander, das sie vor allem gemeinsam mit ihrem Team tagtäglich vorlebt und das für eine kreative Atmosphäre in einer solchen Agentur maßgeblich ist. Bei der späteren Umsetzung der Kundenwünsche ist Vielseitigkeit gefragt. »Heute ist digital tonangebend«, erzählt sie. Deshalb müsse man in vielerlei Hinsicht crossmedial denken und die digitalen Kanäle ebenso wie die klassischen berücksichtigen. Alles müsse nahtlos zueinander passen: Erklär- oder Content-Filme für die interne wie externe Kommunikation, TV-Werbespots sowie vielfältig einsetzbare Imagefilme und zahllose Video-Formate und crossmediale Inhalte für Social Media. Unter der Dachmarke Meavision Media vereinen sich zwei essentielle Business Units. Während die Agentur mit den zentralen Punkten Identität, Kommunikation und Digital verschiedenste Kommunikationsdienstleistungen – von der Markenstrategie über das Corporate Design hin zu zahlreichen multimedialen Internetlösungen – abdeckt, steht die Filmproduktion für hochwertige Image-, Werbe- und Erklärfilme sowie für den künftigen Fokus der Meavision. 2013 gewinnt die Wiehlerin den »Großen Preis des Mittelstandes«. Dieser »Oskar des Mittelstandes«, wie er oft unter Insidern genannt

wird, ist eine begehrte Trophäe. Er würdigt sowohl Leistung wie auch Führung eines Unternehmens und berücksichtigt besonders deren soziales Engagement. Damit ist der Preis eine direkte Spiegelung der Geschäftsführerin, die sich pro bono seit Jahren für das erste in Deutschland gegründete Kinderhospiz, Balthasar in Olpe, engagiert. Mit Imagefilmen, Social-Media-Präsenz und Kinospots – unter anderem mit Christoph Maria Herbst und Birgit Schrowange – macht sie auf die schweren Schicksale aufmerksam, die nur mit großem ehrenamtlichen Einsatz vieler helfender Hände zu bewältigen sind. Doch ihr Engagement beweist Elisabeth Decker auch mit zahlreichen weiteren sozialen, kreativen, kulturellen und nachhaltigen Projekten, die sie immer wieder und fortlaufend unterstützt.

Ihren Weg bis zur Selbstständigkeit hätte sie wohl nicht erreichen können, wären ihr nicht elementare Aspekte zu eigen: Zum einen die schon in ihrer Kindheit von den Eltern vorgelebten und mit auf den Weg gegebenen Werte wie Wertschätzung und Respekt. Zum anderen aber ihre Leidenschaft, ihr Engagement und ihr kreativer, freigeistiger Hang, dem eigenen Herzen zu folgen. »Für mich war immer klar, dass ich die Augen offen halte, um zu erkennen, was um mich herum passiert.« Gemeint sei nicht nur das Schonen der Umwelt durch nachhaltige Ressourceneinsparung. »Wir alle sind Teil unserer Umwelt«, verweist sie auf eine bekannte Lebensweisheit. »Würde ich mich nicht selbst respektieren, mich selbst wertschätzen, so könnte ich anderen keinen Respekt entgegenbringen.« Doch es ist eine andere Lebens-

weisheit, ein Motto gewissermaßen, das Elisabeth Decker gerne zitiert und mit ihren eigenen Worten ergänzt. Denn so sieht sie die Dinge und das, was bevorsteht. In Verbindung mit der in Italien kennen und lieben gelernten Leichtigkeit des Lebens, mit ihrem Hang zu Kreativität und leidenschaftlichem Engagement sagt sie: »Der Weg, der sich unter meinen Füßen zu formen beginnt, ist das Ziel.« Auf diesem Weg wird es immer wieder Herausforderungen geben. So hebt sie hervor, wie das Thema der sich rasant entwickelnden Digitalisierung nicht nur unser Leben heute, sondern noch viel mehr künftig bestimmen wird. Diese digitale Herausforderung möchte sie als Unternehmerin mit einem positiven Blick nach vorne annehmen, um für ihre Kunden wie auch für ihre Agentur stets am Puls der Zeit zu sein und ideale Lösungen zu finden. Denn wer Elisabeth Decker kennt, weiß um ihr Verantwortungsbewusstsein, nicht zuletzt im Umgang mit Projekten, die sie für andere entwickelt. »Ich brauche viel Kraft«, sagt sie, »um meine Kunden bestmöglich zu beraten.«

Entspannung findet die Medienunternehmerin und Mutter zweier Teenager in der Natur. Jeden Morgen läuft sie mit ihrem Hund, einem Mischling aus Malteser und Westhighland-Terrier, von ihrem Haus im Bergischen Land zu einem nahe gelegenen Wald. Hier, inmitten der Bäume, tankt sie Energie und bereitet sich auf ihren spannenden Tag vor. »Die Bäume sind für mich wie ein Kreativbrunnen«, sagt Dr. Elisabeth Decker. »Hier komme ich zur Ruhe, hier habe ich meine besten Ideen.«

Mahi Degenring
Haute Couture – ein Traum wurde wahr

Mahmonir Degenring. geb. Niroumand wurde 1951 in Teheran als Tochter eines iranischen Bankiers und als jüngstes von sieben Kindern geboren. Mit 10 Jahren kam sie nach Köln, wo sie eine Ausbildung zur Fotografin absolvierte. Nach verschiedenen Stationen in der Modebranche machte sie sich 1984 mit ihrer eigenen Haute-Couture-Linie selbstständig, die sie bis heute in der Kölner Brückenstraße vertreibt. Mahi Degenring ist Mitglied und Aufsichtsrätin des Europäischen Wirtschaftssenats (EWS), im Verband Deutscher Unternehmerinnen (VDU), bei Familienunternehmer e. V., in der Rotunda Köln, im Club Europäischer Unternehmerinnen und Gründungsmitglied des Rotary-Clubs Wiehl-Homburger Land. Seit über zehn Jahren unterstützt sie die Unicef-Deutschland-Gala und den Ball des Sports. 2010 wurde ihr der Modepreis Goldene Nase verliehen. Mahi Degenring ist verheiratet und hat zwei Töchter und zwei Enkel.

Eine großgewachsene, dunkelblonde Frau sitzt vor einem Spiegel und betrachtet sich. Mit ihren streng zurückgezogenen Haaren und der hochgeschlossenen schwarzen Seidenbluse macht sie einen unnahbaren Eindruck. Kompetenz und Professionalität zeichnen sie aus, wären da nicht die tief eingekerbten Gesichtsfalten und die fahle Hautfarbe, die sie müde und verkniffen aussehen lassen. Die Frau hat sich auf eine persönliche Typ- und Stilberatung bei Mahi Degenring eingelassen. Im Kölner Geschäft wird ihr als Erstes eine beruhigende Tasse Vata-Tee angeboten, denn Mahi Degenring ist große Anhängerin der Jahrtausende alten Ayurvedischen Philosophie. Dazu reicht sie Zitronengebäck und fragt ihre Kundin behutsam nach deren Werdegang.

I ch denke ganzheitlich«, erzählt Mahi Degenring, die zwar in Deutschland groß geworden, deren Empfinden aber stark durch ihre persische Erziehung geprägt ist. »Nur wenn ich mich in meine Kundin und ihr Leben eindenke, kann ich ihre Bedürfnisse und mögliche Probleme verstehen.« Im Fall der Businessfrau, die vor ihr sitzt, handelt es sich um eine Prokuristin, die viel Verantwortung in einer von Männern dominierten Abteilung einer mittelständischen Industrieproduktion trägt. »Sie denkt, sie müsse wie die Männer auftreten«, erklärt Mahi Degenring, »indem sie seriös anmutende schwarze Hosenanzüge trägt, am besten mit hochgeschlossenen Blusen in der gleichen Farbe.« Das sei der erste Fehler, erklärt Mahi bestimmt. Warum wie Männer aussehen, wenn man durch das Betonen der eigenen Weiblichkeit viel mehr Selbstbewusstsein ausstrahlen kann? Der zweite große Fehler sei die Farbe Schwarz an sich. »Das können Italienerinnen, die sich stark schminken, weil sie in ganz anderen, südlichen Lichtverhältnissen leben«, erklärt sie. »Frauen in unseren Breitengraden haben meist einen blasseren Teint.« Die Farbe Schwarz unterstreiche das Alter, hebe Falten hervor und wirke ab einem gewissen Alter hart und unvorteilhaft. »Besonders bei hochgeschlossener Kleidung«, fährt sie in ihrer Stilberatung fort. Dann holt sie einen Stapel leicht gestrickter Schals in allen Farben und legt sie der Kundin abwechselnd um. »Ich lege meinen Kundinnen nahe, meine Empfehlungen zu überschlafen«, erklärt Mahi Degenring. So wie die Dame eben habe sie auch andere oft überraschen können. »Die meisten sind unsicher und glauben nach Coco Chanel, das ›kleine Schwarze‹ sei immer perfekt. Doch dann sehen sie sich in ganz ungewohnten Farben und sind erstaunt, wie frisch und verjüngt sie wirken können.«

In Teheran als jüngstes von sieben Kindern geboren, verbringt sie ihre frühe Kindheit im Hause ihrer Eltern. »Mein Vater war Bankier und ein großer Gastgeber«, erinnert sich die elegant gekleidete Frau, die auf mindestens 15 Gäste jeden Mittag zurückblickt. »Großzügigkeit, Gastlichkeit und gute Erziehung wurden bei uns zuhause groß geschrieben.« Sicher habe auch das elegante Auftreten der Mutter bei Nesthäkchen Mahi unbewusst einen großen Eindruck hinterlassen. »Ich liebte schon früh schöne Kleider«, erinnert sie sich an ihre erste eigene Kreation – da ist sie gerade sieben Jahre alt. »Ich habe mir auf dem Markt karierten Seidenstoff besorgt und mir daraus per Hand eine Bluse genäht.« Ganz ohne Vorlage oder Anleitung seien ihr der Schnitt und das Nähen so gut gelungen, dass ihr die Bluse von einer Nachbarin abgekauft worden sei. Da die älteren Geschwister englische und deutsche Internate besuchen, begleitet Mahi ihre

Mutter oft in den Ferien nach Europa. »Die Internate hatten andere Ferien als die Regelschulen«, erklärt Mahi ihre erste Schulzeit in England. In einer Mietwohnung habe sich die Mutter in deren Ferien um die Geschwister gekümmert, während die Kleinste dem Unterricht einer Londoner Schule gefolgt sei. Nachmittags unternimmt die Familie viele Ausflüge in die Stadt; die kleine Mahi betrachtet interessiert die großen Auslagen in den Schaufenstern. »Ich habe versucht das nachzumachen, was mir auffiel«, erzählt sie und nimmt sich eines Nachmittags die Kleider ihrer Mutter vor. »Ich habe sie alle in einem Arrangement an die Wand genagelt«; heute kann sie über den damaligen Ärger ihrer Mutter lachen. »Die Wohnung musste leider anschließend auf Kosten meiner Mutter renoviert werden.«

Lange hält das Leben zwischen Persien und Europa nicht an. 1960 entschließt sich der Vater nach Köln überzusiedeln. Hier lebt auch sein Freund, der damalige Botschafter des Iran. Mit zehn Jahren besucht Mahi eine deutsche Schule und fühlt sich bald heimisch. »Nach der Schule habe ich eine Lehre bei einem Fotografen begonnen«, erzählt sie und knabbert nachdenklich an einem Gebäck-

stück. Mit 16 Jahren lernt sie ihren späteren Mann kennen und beschließt, ihn mit dem Segen ihrer Eltern zu heiraten. Horst Wilhelm ist etwas älter und studiert Maschinenbau in Darmstadt, wohin es das junge Ehepaar 1969 zieht. »Nach einem Jahr nur Haushalt war ich es leid und wollte mir eine Arbeit suchen, die mir gefällt«, erzählt Mahi Degenring ihren Start in die Modewelt. »Ich habe mir das schönste Modehaus ausgesucht und mich als Verkäuferin beworben.« Auf die Frage, ob sie eine kaufmännische Lehre vorweisen könne, antwortet sie nur: »Testen Sie mich.« Noch in der Probezeit beweist die junge Teilzeitangestellte ihr Geschick und macht täglich mehr Umsatz als die etablierten älteren Verkäuferinnen. Das habe ihr viel Neid eingebracht, gesteht sie, aber auch die Anstellung in Vollzeit. Schnell gewinnt sie das Vertrauen vieler Kunden. Dem Chef fällt die gute Arbeit seiner Verkäuferin auf und er ernennt sie zur Einkäuferin für das Modehaus. Bald hat sie einen festen Kundenstamm und erhöht stetig die Umsatzzahlen. »Dann, im Jahr 1971, erkrankte meine

Mutter.« Das junge Ehepaar zieht zurück nach Köln und Mahi entschließt sich, die abgebrochene Fotografenlehre wieder aufzunehmen. 1973 erfolgt ihre Gesellenprüfung und gleichzeitig eine Ausbildung zum Mannequin und Model. Durch die Vermittlung des Künstlerdienstes in Düsseldorf beginnt sie im gleichen Jahr eine Karriere bei »Verena-Modelle« und arbeitet hier für die nächsten zehn Jahre als Haus-Mannequin. »Es ging nicht darum, einfach die bedruckten Kleider vorzuführen«, erklärt sie. Vielmehr möchte sie ihren Geschmack und ihr Talent zugunsten des Hauses einsetzen und verbessert Schnitte und Passformen. »Ich habe mit den Vertretern Wetten abgeschlossen, was sich am besten verkaufen lässt – und gewonnen«, erinnert sie sich. »Ich führte die Modelle im In- und Ausland vor und beriet die Firma in Herstellung und Produktion.« 1976 zieht sie mit ihrem Mann nach Nümbrecht um. »Hier hatte er die elterliche Firma übernommen, wir wohnten gleich nebenan.« Als sich 1979 im vierten Monat ein Baby-Bäuchlein bemerkbar macht, ruht das

Modeln erst einmal. Noch zwei Jahre nach der Geburt von Nasrin bleibt sie im Unternehmen. Dann wird sie als Verkaufsleiterin von einer Münchner Modefirma angeworben und fährt mit einem alten Firmenauto quer durch Bayern, um deren neue Strickmodelle zu vertreiben. »Ich hatte zuhause alles organisiert«, sagt sie über die anstrengende Zeit, denn inzwischen ist ihre geliebte Mutter verstorben. »Meine Schwiegermutter war für mich wie eine zweite Mutter«, erklärt sie dankbar. Sie hilft der Kinderfrau beim Hüten der kleinen Enkelin, »wie auch mein Mann, der gleich nebenan sein Büro hatte.«

Wieder beweist sich das Verkaufstalent der jungen Vertreterin, die bald gefüllte Orderbücher für die gesamte Kollektion vorweisen kann. »Ich habe meinem Chef dringend ans Herz gelegt, die Produktion der Strickteile in Italien zu kontrollieren«, sagt sie und fügt hinzu: »Das hätte bedeutet, sich an die Strickmaschine zu setzen und jede Masche nachzuzählen.« Doch der Firmeneigentümer setzt diesen Rat nicht um. Das Ausliefern der Order endet als Desaster mit der Rücksendung der komplett georderten Ware. »Ich habe vor Wut die ganze Nacht durchgeheult«, sagt Mahi über die große Niederlage. Schließlich sei es auch um das Vertrauen in ihren Namen gegangen! Am nächsten Morgen hat sie einen Entschluss gefasst. Sie würde ihre Kunden mit einer eigenen Kollektion überzeugen – mit Ware in bester Qualität. »Ich habe mir eine Strickerin, eine Näherin und eine Frau für die Schnitte genommen und in nur vier Monaten Strickteile in Pastelltönen entworfen und produziert, mit passenden Stoffen für Blusen, Hosen und Röcke. Zur 1984 anstehenden Modemesse lädt sie alle enttäuschten Kunden ins Interconti-Hotel ein, wo sie einen Raum für die Präsentation angemietet hat. Nicht alle trauen der jungen Frau den mutigen Schritt zu. »Einige aber bestellten Ware im Wert von je 5000 DM und gaben mir so den Grundstein zum Durchstarten.« Doch hat sich die Jungunternehmerin verkalkuliert. »Die Kosten für die Produktion einer ganzen Kollektion sind weitaus höher als die einzelner Teile«, resümiert sie. Bald steht sie vor einer finanziellen Katastrophe. »Mein Mann riet mir, jedem, der bestellt hatte, 50 DM zu schicken und mich zu entschuldigen«; die sympathische Frau mit den dunklen Haaren runzelt ihre Stirn. Das kommt für die Kämpferin nicht in Frage. »Jeder sollte seine Ware in perfekter Qualität bekommen!«, setzt sie durch. Die Geburtsstunde der Mahi Degenring Couture habe ihr finanziell keine schwarzen Zahlen beschert, wohl aber den Ruf für erstklassige Ware.

Ihre Modelinie mit einem ersten Atelier in einer kleinen umfunktionierten Wohnung kann sie weiter ausbauen, auch weil ihre zweite Tochter, Shirin, ein Jahr zuvor geboren, die gleiche familiäre Betreuung wie ihre Schwester erfährt. »Ich wollte Mode herstellen, die man das ganze Jahr über bekommt, und zwar so, wie die Kunden es wünschen.« Variabel und flexibel sei ihre Mode, führt sie aus, mit Ärmellängen und Auschnittgrößen, passend für die individuellen Wünsche der Kundinnen, und das ganze Jahr über nachzubestellen. Es folgen große Anzeigen in Vogue und Madame – die Kollektion wird geordert. Mahi Degenring, längst nicht mehr nur auf Strickmode spezialisiert, zieht mit ihrem Atelier in Nümbrecht um. Auf 1000 Quadratmetern mit 35 Mitarbeitern wird hier nach den strengen Vorgaben der Chefin jedes Stück der Kollektion einzeln gefertigt. Die Order kommen von Boutiquen und Modehäusern aus der ganzen Welt. 1987 entschließt sie sich, hauptsächlich Endkunden zu beliefern und bezieht ihr erstes eigenes Geschäft in der Bonner Innenstadt. Kurz danach wird sie vom Hoteldirektor des neu eröffneten Maritim angesprochen, ob sie nicht bei ihm im Hotel ausstellen wolle. Von 1990 bis 1998 vertreibt sie hier erfolgreich ihre Mode für Herren und Damen. Dann jedoch bricht das Geschäft mit dem Umzug der Bundesregierung nach Berlin komplett ein. Wieder kommt die Kämpferin in Mahi zum Vorschein und sie eröffnet 1998 in der Kölner Brückenstraße ihr zukünftiges Stammgeschäft. Zusätzlich betreibt sie von 2005 bis 2013 bis zum Auslaufen des Mietvertrags die Modevilla in Düsseldorf und bis 2012 weitere Geschäfte, zuerst im Hotel Adlon und später in der Fasanenstraße in Berlin. Tochter Shirin wird Hauptmodel bei ihren Modenschauen.

»Mode ist das, was wir der Welt von uns erzählen. Es ist unser unverwechselbarer Stil, der sich im Business-Outfit ebenso wie im legeren Tageslook in lässigem Strick, in der glamourösen Abendrobe wie in der sportlichen Golf-Kombination oder gar im verführerischen Hochzeitskleid zeigt«, so ihr Credo. Mit Materialien aus Frankreich, Italien, England und der Schweiz, einige eigens per Hand von einer Künstlerin bemalt. »Chiffon, Kaschmir, Crêpe marocain – das sind nur einige der Stoffe, die ich gern verarbeite«, erklärt sie und streicht sanft durch die geschmeidigen Bahnen. Diese schmeicheln den Frauen und untermalen ihr individuelles Selbst. »Ich möchte, dass jede meiner Kundinnen sich treu bleibt«, schmunzelt sie, »aber nicht um jeden Preis.« So macht sie bei der Anprobe Fotos aus allen Blickwinkeln, damit die Kundin selbst sieht, wie andere sie wahrnehmen. »Und für die kleinen Problemzonen, die fast jede hat, habe ich eine eigene Schnitttechnik entwickelt. Damit kann ich Frauen sogar um zwei Größen schlanker erscheinen lassen.« Sie freut sich über ihren exzellenten Ruf: »Wie meine Mutter schon sagte, das Beste ist nur gut genug – das gilt für mich und meine Kundinnen – und das schon seit 35 Jahren.«

Petra Dieners
Ein Leben mit Stil

1971 wurde Petra Dieners geb. Schlünder als Einzelkind in Menden geboren. Nach ihrem Abitur studierte sie Wirtschaftswissenschaften an der Universität Wuppertal. Nach ihrem Abschluss als Diplom-Ökonomin wurde sie 1997 Asia-Pacific-Marketing- und Vertriebsleiterin für einen deutschen Brillenhersteller in Singapur. 1998 machte sie sich dort selbstständig und gründete Domus Venture als Hersteller und Exporteur von Teakmöbeln und Flechtmöbeln aus Rattan. Zurück in Deutschland heiratete sie 2004 und bekam ein Jahr später ihren Sohn. 2008 verkaufte sie ihr Unternehmen. Sie widmet sich seit 2015 ihrer Leidenschaft, dem Vermitteln von Lebensstil und Mode, in dem eigenen Blog »Lieblingsstil«.

»Ich entspanne mich am besten beim Shopping«, lacht Petra Dieners und schüttelt ihre langen blonden Haare. Stylisch gekleidet in einer Shabby-chic-Jeans und einem Cashmere-Pullover sitzt sie auf einem modernen Sofa unter einem großen Gemälde von Max Clarenbach. Dass sie einmal 280.000 Blogleser auf ihren vielen Einkaufstouren begleiten würden, kann sie am Anfang ihrer beruflichen Karriere nicht ahnen. Denn diese beginnt im fernen Singapur, gleich nach ihrem Abschluss als Wirtschaftswissenschaftlerin.

ch bin 1971 als Unternehmerkind in Menden geboren«, beschreibt sie ihre Kindheit im Sauerland. »Mein Vater war Geschäftsführer in der Automobilindustrie, während meine Mutter den Innendienst leitete.« Schon die Großeltern beiderseits seien Unternehmer gewesen, erzählt sie. »Mir war von klein auf klar: Irgendwann bin ich auch einmal selbstständig.« Nach Abschluss ihres Studiums bewirbt sie sich im asiatischen Raum. »Ich wollte ins Ausland, aber unbedingt dorthin, wo nicht alle anderen hinwollten.« Singapur ist »Asien für Anfänger«, sagt sie, »ideal um auf diesem Kontinent Fuß zu fassen.« 1997 nimmt sie das Angebot an, als Vertriebs- und Marketingleiterin für einen deutschen Brillenhersteller dort anzufangen.

Nach erfolgreicher Beendigung der Probezeit verbringt sie ihren ersten Urlaub auf Bali. Hier fallen der 27-Jährigen wunderschöne Teakmöbel auf, wie sie noch nicht in Deutschland gesehen wurden. »Ich hatte zuhause gemerkt, dass sich der Trend für Terrassenmöbel langsam weg von weißem Plastik hin zu Naturholz entwickelte«, erklärt sie. Sie ist sicher, eine Lücke schließen zu können, füllt einen 40-Fuß-Container voller

Gartenstühle aus Teak und schickt ihn nach Deutschland. Hier, so ist sie überzeugt, werden ihre Freunde schnell geeignete Abnehmer finden. Ein naives Vorhaben, wie sie im Rückblick zugeben muss. Es stellt sich heraus, dass die Ware von schlechter Qualität ist und zum Teil gebrochen oder verschimmelt ankommt. »Ich hatte mein gesamtes Erspartes in dieses Vorhaben versenkt. Das war jetzt futsch!« Doch das Feedback aus Deutschland ist nicht durchweg negativ. Für gute Qualität ließe sich ein Markt finden, bestätigt sich das Bauchgefühl der jungen Frau. Noch beim Brillenhersteller angestellt, beschließt sie ihrem Gefühl nachzugehen und sucht nach guten Lieferanten. »Mit einem Indonesier, der sich auskannte, nahmen mein Geschäftspartner und ich erneut Anlauf und fingen mit einem Lagerhaus und lokalen Familienbetrieben ganz klein an.« Was nach Job im Urlaub klingt, ist in Wirklichkeit Knochenarbeit. »Alle zwei Wochen flog ich von Singapur nach Indonesien, um die Qualitätskontrolle durchzuführen.« Eine Reise von über neun Stunden inklusive der Autofahrt durch den Dschungel bis hin zu den Teakplantagen. »Irgendwann konnte ich beide Jobs nicht mehr verein-

baren und musste mich entscheiden.« 1998, nur eineinhalb Jahre nach ihrer Ankunft in Singapur, gründet sie Domus Ventures und fliegt nach Deutschland, um Kunden zu finden. »Mit mindestens zehn Aufträgen wollte ich zurück, das hatte ich mir zum Ziel gesetzt.« Ohne große Vorkenntnisse vom Möbelmarkt stellt sie ihre Designs bei den größten Möbelhäusern in Deutschland vor. »Ich hatte einen großen Vorteil, denn ich war in Asien vor Ort und konnte mit den Herstellern direkt verhandeln und die Qualität ständig überprüfen.« Das sehen einige Kunden genauso und beauftragen die junge Frau, die mit so viel Mut und Elan ihre Ideen präsentiert. Mit einer kleinen Anleihe von ihren Eltern, die sie in zwei Jahren komplett zurückzahlt, ist der Grundstein für die asiatische Selbstständigkeit gelegt. »Ein bisschen Glück gehörte wohl auch dazu«, schmunzelt sie. Denn bei einer ihrer nächsten Akquisitionsreisen nach Deutschland trifft sie auf einen Einkäufer, der gleich 50 Container bei ihr ordert. Die erste Freude vergeht schnell, denn nun muss eine Bank gefunden werden, um das Vorhaben vorzufinanzieren. »Bei der Deutschen Bank habe ich es gerade bis zur Rezeption geschafft, um hier eine Abfuhr zu erhalten«, erinnert sie sich an die damalige Herausforderung. Petra ist keine, die schnell aufgibt, und findet schließlich die ersehnte Unterstützung bei einer Bank vor Ort.

Bald kommen weitere Nachfragen aus Deutschland. Korb- und Flechtmöbel erweitern ihr Sortiment. Anfänglich aus Rattan gefertigt, werden zunehmend auch solche aus Kunststoff benötigt und Domus Ventures expandiert. »2001 gingen wir nach China und bauten dort eine Fabrik«, erzählt sie. Die damalige politische Landschaft habe eine solche Investition für Ausländer möglich gemacht. Bald sehen sich die Investoren mit neuen Problemen konfrontiert. »Jetzt ging es nicht mehr nur darum, eine gleichbleibende Qualität zu garantieren«, erinnert sie sich. »Jetzt ging es besonders darum, überhaupt produzieren zu können, denn die chinesischen Wanderarbeiter waren unzuverlässig und zogen oft weiter.« Trotz schlafloser Nächte und ständig neuer Herausforderungen schaffen Petra und ihr Partner ein blühendes Unternehmen zu erhalten. »Mit über 1000 Mitarbeitern in jedem Land hatten wir schon eine beachtliche Größe erreicht«, sagt sie. »Mein Privatleben blieb

dafür ziemlich auf der Strecke.« 2002 entschließt sich Petra zur Rückkehr nach Deutschland, um sich hier um den Vertrieb zu kümmern, während ihr Partner die Verantwortung für Produktion und Ausbau des Unternehmens trägt. Mit inzwischen weltweiten Kunden von den USA bis Südafrika, Israel und Australien steht das Unternehmen auf gesunden finanziellen Füßen. Bis sie 2004 den international tätigen Anwalt Peter Dieners heiratet, pendelt Petra ständig zwischen Europa und Asien, auch nach der Geburt des gemeinsamen Sohns im Jahr 2005. »Ohne meine Eltern und meine Schwiegermutter hätte ich Familie und Job nie unter einen Hut bekommen können«, meint sie dankbar. Doch dann, Alexander ist noch immer ganz klein, treffen sie die Worte ihrer Schwiegermutter schicksalhaft hart. »Ich war wieder einmal auf dem Weg zum Flughafen und ließ den Kleinen bei meiner Schwiegermutter in Düsseldorf zurück.« Seufzend habe sich Petra verabschiedet. »Alexander wird mich bei meiner Rückkehr ja kaum wiedererkennen.« Darauf habe die Schwiegermutter aufmunternd erwidert, er könne sie dann ja wieder neu kennenlernen. »Das hat mich zutiefst getroffen. Ich musste mein Leben schlagartig ändern.« Im Jahr 2008 verkauft sie das Unternehmen und bereut den Schritt bis heute nicht. »Ich habe noch fünf Jahre weiter mitgearbeitet, bin aber nur noch einmal pro Jahr in die USA und zweimal nach Asien geflogen.« 2013 ist endgültig Schluss und Petra gönnt sich eine dringend benötigte Auszeit. »Ich war körperlich sehr erschöpft«, gibt sie zu und freut sich auf die zukünftige Ruhe. »Anfänglich konnte ich kaum stillsitzen«, sagt sie. »Ging ich auf die Kö zum Shoppen, so war das im Laufschritt. Entspanntes Schlendern kannte ich nicht.« 2013 entschließt sie sich für eine Beteiligung an einem Start-up für Infrarot-Heiztechnik. »Ich investierte in die Firma, musste aber nach eineinhalb Jahren erkennen: Lauter Alphatiere unter einen Hut zu bekommen, das geht nicht – und stieg wieder aus.« Doch nicht um untätig zu bleiben.

Die lange Lebensgeschichte von Petra Dieners verdient eine kurze Pause. Sie verlässt den Raum und kommt mit zwei Tassen Meissner Porzellan zurück. Es sind Sondergrößen, speziell für sie angefertigt, und zeigen einen fein aufgemalten schwarzen Ming-Drachen. Aus einer passenden Porzellankanne schenkt sie Ingwertee ein und er-

klärt: »Schöne Dinge bedeuteten mir immer schon viel. Nicht nur in der Mode.« Ihre Worte klingen wie die Einleitung zu ihrer nächsten Lebensetappe. »Ich hatte mich in der Zeit nach dem letzten Invest länger mit dem Thema ›Modeblog‹ beschäftigt, wovon mir aber meine Freunde immer abrieten.« Zu öffentlich sei man dann, und außerdem wäre Bloggen mit einem oberflächlichen Image behaftet. Davon lässt sie sich nicht abhalten und entdeckt wieder eine Marktlücke, gerichtet an die stylische Frau ab 40. 2015 fängt sie an, regelmäßige Berichte zu schreiben – nicht nur über Mode, sondern auch über Kunst, Lifestyle, gedeckte Tische und interessante Menschen, die sie interviewt. »Der Blog ging anfänglich an meine Freundinnen und wurde dann weitergereicht«, erinnert sie sich. Bald ist sie auch auf Facebook und Instagram präsent. Und gewinnt immer mehr regelmäßige Leserinnen. »Lieblingsstil hält die Frauen – wie eine gute Freundin - modisch auf dem Laufenden.«

»Über 280.000 Leserinnen auf ihrem eigenen Blog www.Lieblingsstil.com und fast 100.000 Follower auf Instagram bekommt nur, wer professionell arbeitet, jeden Tag perfekte Fotos einstellt und authentische Berichte verfasst«, erklärt sie. Darüber, dass viele Menschen glauben, eine Bloggerin würde von der Vernissage zur Modenschau pendeln und sich nur reich beschenken lassen, kann sie nur lachen. »Mir macht es einen Riesenspaß, Dinge zu präsentieren, zu denen ich hundertprozentig stehe.« Die Arbeit, die dahinter stehe, um regelmäßig zweimal die Woche Berichte zu veröffentlichen, sehe keiner, führt sie aus. Ihre Arbeit habe auch viel mit Vertrauen und Authentizität zu tun. »Die Unternehmen schauen sich ganz genau an, wem sie die Präsentation ihrer Ware zutrauen.« Da kommen ihr die Erfahrung und Selbstdisziplin nur zugute. »Und außerdem«, schmunzelt sie und nimmt noch einen Schluck Tee, »kommt es auch vor, dass ich mit meinem Blog Veränderungen herbeiführe.« Vor kurzer Zeit habe sie vor einem Frauenverband einen Vortrag zu ihrem Blog gehalten. Dort habe eine Frau in der vordersten Reihe sie kritisch beobachtet und viele Fragen gestellt. Einige Wochen später trifft sie auf die gleiche Frau. »Sie strahlte mich an und sagte, ich hätte ihr Leben verändert.« Auf ihre verwunderte Nachfrage erfährt Petra Dieners, dass sich die Frau nach dem Vortrag von ihrer eintönigen schwarzen Kleidung getrennt habe. »Ich habe ihr den Mut gegeben, sich nach ihrer eigentlichen Neigung zu kleiden. Das hat sie befreit und kam bei ihrem Mann und ihren Freundinnen super an.« Man darf gespannt sein, was Petra in ihrem Blog noch alles berichtet. Einen treuen Follower mehr hat sie nach diesem Gespräch auf jeden Fall.

Ruth Echterhage
Offene Augen für neue Märkte

Ruth Orthaus wurde 1963 in Ahaus als ältestes von drei Kindern geboren. Ihr Vater war als Unternehmer tätig, die Mutter ist Steuerfachgehilfin. Nach ihrem Abitur 1982 studierte Ruth bis 1988 Betriebswirtschaft an der Fachhochschule in Münster. Daneben war sie dreieinhalb Jahre berufstätig, zwei Jahre davon bei der Armstrong Building Products GmbH in Münster in den Bereichen Personal und Vertrieb. Nach Abschluss ihres Studiums arbeitete sie bis 1998 für das Generalbauunternehmen Voss + Graue und die Baustoffhandelsgruppe Bautreff Voss. Parallel dazu gründete sie 1994 mit Jürgen Echterhage, den sie 1997 heiratete, ihr eigenes Unternehmen: ECO.PLAN. Seit 1999 ist Ruth Orthaus-Echterhage Geschäftsführerin der Echterhage Holding, 2001 stieg sie in die Werbeagentur plakart ein und übernahm diese 2016 ganz. Das Generalbauunternehmen ECO.PLAN hat heute Niederlassungen in Coesfeld, Dresden und Neuenrade. Heute agiert die e.holding weltweit und beschäftigt über 400 Mitarbeiter. 2009 erhielten Jürgen Echterhage und Ruth Orthaus-Echterhage den Preis »Südwestfalen Manager des Jahres 2009«. Ehrenamtlich engagiert sich Ruth Orthaus-Echterhage vielfältig. Sie und die weltweit agierende Unternehmensgruppe unterstützen Musik und Kultur, Sportvereine und -events, die Kinder- und Jugendarbeit von verschiedenen Vereinen und Organisationen sowie in Schulen und Kindergärten, diverse soziale Organisationen sowie das Stadt- und Regionalmarketing. In der Kommunalpolitik engagiert sich Ruth Orthaus-Echternage in der von ihr mitbegründeten Freien Wählergemeinschaft Neuenrade (FWG), 2009 bis 2012 auch als Fraktionsvorsitzende, für ein positives »Neu« in Neuenrade.

Ruth Orthaus weiß, wie man anpackt. »Schon mit 15 habe ich außerhalb unseres eigenen Betriebs in einer Fabrik am Fließband gearbeitet.« Um ihr Studium zu finanzieren, nimmt sie viele Jobs an. Und entwickelt eigene Ideen: »Mit einer Freundin boten wir an, Senioren zu helfen«, erzählt die Neuenrader Unternehmerin. Auf ihre Anzeige in einem Münsteraner Stadtteilblättchen melden sich zwei Damen älteren Jahrgangs. »Ich habe sie zu Arztbesuchen begleitet, im Haushalt geholfen, für sie eingekauft und im Garten gearbeitet!« Alle diese Erfahrungen werden ihr späteres Berufsleben und ihr soziales Engagement mitprägen.

Ruth Orthaus wird 1963 in Ahaus geboren. Ihr Vater ist selbstständig mit einem Unternehmen für Lkw-Bauten und Aufbauten. Durch die Ferientätigkeiten im eigenen Betrieb wird die älteste Tochter schon als Jugendliche fit für jede Büro- und Buchhaltungsarbeit. »Das sollte mir im Studium sehr zugute kommen.« Nach ihrem Abitur studiert Ruth bis 1988 Betriebswirtschaft in Münster, fängt im letzten Jahr ihres Studiums einen Vollzeitjob bei Armstrong Building Products in der Vertriebsabteilung an und arbeitet zuvor auch in der Personalabteilung und der Produktion. »Hier, aber auch bei meinen anderen Jobs habe ich tiefe menschliche Erfahrungen gesammelt«, erinnert sie sich an Begegnungen mit Menschen, die familiäre und finanzielle Probleme hatten. Die Arbeitsbedingungen in manchen Betrieben schockieren sie. Später wird sie sich für ihre Mitmenschen einsetzen und immer ein waches Auge haben für das, was ihren Mitarbeitern guttut. Zunächst jedoch baut sie an der eigenen Karriere. Mit 24 Jahren und abgeschlossenem Studium bewirbt sich die junge Diplom-Betriebswirtin beim Generalbauunternehmer Voss + Graue

und der Baustoffhandelsgruppe Bautreff Voss. Sie wird sofort eingestellt und arbeitet bereits nach drei Monaten als Marketingleiterin und rechte Hand des Geschäftsführers. Die nächsten drei Jahre werden für Ruth sehr lehrreich. »Wir haben ständig erweitert. Der größte von uns geplante Baumarkt verzeichnete über 20.000 Besucher am Tag der Eröffnung.« Nach drei Jahren in Coesfeld beschließt sie, sich auf dem Arbeitsmarkt neu zu orientieren. Mehr aus Spaß und um ihren Wert zu testen als mit der ernsthaften Absicht ihre Stelle zu wechseln, bewirbt sie sich 1991 bei einer Baugesellschaft in Nordkirchen, die ihr gleich einen Posten im Projektentwicklungsbereich anbietet. Sie sammelt viele gute Erfahrungen, nur mit der Geschäftsführung kommt es öfter zu Unstimmigkeiten. Sie entschließt sich zurück nach Coesfeld zu gehen.

Ihr vorheriger Arbeitnehmer freut sich über die Rückkehr seiner früheren Mitarbeiterin. Ein Jahr lang hat er ihr den Posten freigehalten und sich zwischenzeitlich auf den Bauboom in der ehemaligen DDR eingestellt. »Mein heutiger Geschäfts-

> **Natürlich habe ich Hobbys: meine Arbeit und mein soziales Engagement!**
>
> Ruth Orthaus-Echterhage

partner Manfred Höne war damals Partner von Voss + Graue Dresden. Die nächsten acht Jahre flog ich jede Woche mit ihm und einem weiteren Mitarbeiter nach Sachsen.« Dort lernt sie auch ihren späteren Mann, den Unternehmer Jürgen Echterhage, kennen: »Er meldete sich auf eine Anzeige und wollte eine Wohnung in Dresden kaufen.« Im Gespräch meint er zu ihr: »Was Sie hier für andere tun, können Sie auch für sich selbst«, und schlägt ihr einen gewichtigen Plan vor. Drei Monate später gründen beide die »ECO.PLAN GmbH & Co. KG Generalbau« in Dresden und kaufen dort ihr erstes Grundstück. »Als wir die Baugenehmigung hatten, habe ich Dr. Graue in meinen Plan eingeweiht, mich selbstständig zu machen.« Der schlägt vor, sich zu 50 Prozent an ECO.PLAN zu beteiligen. Das Geschäft wird besiegelt.

Insgesamt ist Ruth Orthaus elf Jahre für Voss + Graue tätig, entwickelte Wohn- und Industriebauten, plante Stadtteil- und Stadtkernentwicklungen und Senioren- und Pflegeeinrichtungen. In dieser Zeit ist sie viel unterwegs und unterhält drei Wohnungen: »Ein Leben aus dem Koffer, der entweder in Dresden, in Coesfeld oder Neuenrade ausgepackt wurde.« Ein schwerer Autounfall gibt ihrem Leben 1997 einen neuen Wendepunkt. »Ich musste nach dem Krankenhausaufenthalt vier Wochen am Stück in Neuenrade bleiben«, sagt sie und streicht sich nachdenklich die Haare aus der Stirn. »Mein zukünftiger Mann fand das wohl ganz schön«, lächelt sie und fügt hinzu: »Wir hatten aber gerade eine ECO.PLAN-Niederlassung in Dresden eröffnet, die wollte doch auch betreut werden.« Obwohl sie noch nicht ganz genesen ist, fliegt sie dorthin. »Als ich aus dem Auto stieg, sackten mir die Beine weg und ich knallte mit dem Kopf gegen die Büromauer.« Mit einer erneuten Gehirnerschütterung erkennt die junge Frau, dass das umtriebige Leben auf so vielen Baustellen zu viel für sie wird. »Ich informierte Dr. Graue, dass ich die aktuellen Bauvorhaben durchführen wollte, mich dann jedoch nur noch um mein Unternehmen kümmern könnte.« Voss + Graue geben ihre fünfzigprozentige Beteiligung an ECO.PLAN

zurück und Ruth beteiligt sich zu 70 Prozent am Unternehmen, deren weitere 30 Prozent heute in der Hand von Bauingenieur Manfred Höne liegen. »Am zweiten Weihnachtstag, den wir mit meinen Eltern bei meiner Schwester verbrachten, kam dann ein weiterer Wendepunkt«, bekennt sie lächelnd. Völlig überraschend macht ihr Jürgen Echterhage einen Heiratsantrag. Im geheimen hat er schon das Aufgebot bestellt. Vier Tage später, am 30. Dezember, sind Ruth und Jürgen Echterhage verheiratet und das Unternehmen nimmt Fahrt auf in eine große Zukunft. »Da ich eine Firma unter meinem Mädchennamen Orthaus hatte, habe ich den Doppelnamen angenommen«, sagt sie, die sonst gern als Ruth Echterhage firmiert.

Gemeinsam mit ihrem Mann baut sie dessen Unternehmensgruppe weiter aus. Diese besteht seit Jahrzehnten aus von Jürgen Echterhage und Mitgesellschafter Axel Vedder gegründeten Unternehmen, die Hydraulikkomponenten, Pumpen und Messtechnik entwickeln und produzieren. 1999 werden sie unter dem Dach der Echterhage Holding zusammengefasst. Als Mitgeschäftsführerin der Holding betreut Ruth Orthaus-Echterhage jetzt das Marketing und die Personalentwicklung der Industrieunternehmen und leitet gemeinsam mit Manfred Höne weiterhin die Geschicke ihrer ECO.PLAN. Das Dresdener Generalbauunternehmen wird mit seinen beiden neu gegründeten Niederlassungen in Neuenrade und Coesfeld in die Unternehmensgruppe eingegliedert.

Als Marketingverantwortliche erkennt die Vollblutunternehmerin schnell, dass es sinnvoll wäre das Marketing der Gruppe zu bündeln und in einer eigenen Abteilung umzusetzen. 2001 nutzt sie erneut eine Gelegenheit und wird Partnerin der plakart Werbeagentur, einem Zwei-Frauen-Unternehmen. Statt einer Abteilung baut sie gleich eine ganze Agentur auf. »Ich hatte mir immer vorgenommen, speziell für den Mittelstand alle Werbemaßnahmen unter einem Dach zu vereinen«, sagt sie. Entsprechend erweitert sie die Agentur zu einer Full-Service-Agentur für Werbung,

Kommunikation und Marketing – nicht nur für die Belange der Holding, sondern auch für externe Kunden. Gemeinsam mit ihrem Mann und den Geschäftsführern der Holdingfirmen baut sie die Unternehmensgruppe in den folgenden Jahren um weitere Produktionsfirmen und Vertriebstöchter und Niederlassungen in England, Frankreich, Italien, den USA, Indien und China aus. Diverse Umzüge und Vergrößerungen der bestehenden Gruppe finden in dieser Zeit statt, bis 2007 in einem neuen Gebäudekomplex in Neuenrade Platz für die Echterhage Holding Industriefirmen VSE, DST und HBE und für die Full-Service-Werbeagentur plakart sowie das Generalbauunternehmen ECO.PLAN geschaffen wird. 2008 entschließt sich Ruth Orthaus-Echterhage, ein servicebetreutes Wohnprojekt zu erstellen, das konzeptionelle und architektonische Maßstäbe in der Region setzen wird: seniorengerechtes Wohnen mit Service nach Bedarf. »Wir bieten unter anderem Leistungen, die ich als Studentin für die Senioren erbracht habe«, erklärt sie. Das Projekt »Mühlendorf« wird 2013 durch das »Quartier Am Stadtgarten« ergänzt, als zentraler Wohn-, Betreuungs- und Einkaufsstandort mit Demenz-WG und dem gehobenen Café und Restaurant KARL.

Zehn bis zwölf neue Auszubildende finden am Neuenrader Standort jährlich einen Ausbildungsplatz. »Unser erster Azubi«, schmunzelt die Unternehmerin, »ist seit 2016 mit in der Geschäftsführung der e.holding.« Mit Sebastian Janik sei die Unternehmensnachfolge frühzeitig gesichert, er-

klärt sie. Sie und ihr Mann planen langfristig, nicht nur, was die Ausbildung betrifft.

Wer jetzt glaubt, Ruth Orthaus-Echterhage sei am Limit angekommen, liegt grundlegend falsch. Die emphatische Frau engagiert sich für ihre Mitarbeiter. Dass junge Mütter flexible Arbeitszeiten haben, ist für sie selbstverständlich, genauso wie die Gesundheit ihrer Mannschaft. »An vier Tagen in der Woche kommt ein Physiotherapeut ins Haus und behandelt unsere Angestellten während der Bürozeit.« Nach Feierabend können diese das von ihr initiierte Fitness-Studio besuchen und mit einem Trainer an diversen Kursen teilnehmen. Auch für Geflüchtete setzt sich die Unternehmerin mit Herz und viel Know-how ein. Die Unternehmensgruppe erwirbt einen leerstehenden Gasthof als Unterbringung, renoviert ihn und betreut die Geflüchteten. Heute werden diejenigen ausgebildet, die sich später für einen Arbeitsplatz in der Unternehmensgruppe eignen.

»Natürlich habe ich Hobbys«, sagt Ruth Orthaus-Echterhage und fügt lachend hinzu, »mir macht meine Arbeit sehr viel Spaß und ich engagiere mit sehr gern für andere!« Zu ihrem 50. Geburtstag schenken ihr die Mitarbeiter der Werbeagentur ein Kunstwerk, das symbolträchtig am Standort Neuenrade hängt. ROEmotion steht darauf in starken Pinselstrichen zu lesen. Eine treffende Mischung aus Emotion und ständiger Bewegung – passend zu dieser Frau mit Herz und einer besonders großen Portion Energie.

Anna-Rita Fanelli
Stillstand ist ein Fremdwort

Anna-Rita Fanelli, 1969 im italienischen Brindisi geboren, kam 1970 mit ihren Eltern ins bergische Wermelskirchen. Nach Grund- und Hauptschule besuchte sie die Handelsschule und machte ihr Fachabitur, um anschließend eine Ausbildung zur Sekretärin zu absolvieren. Ihr Berufsleben begann 1991 als Kassiererin im örtlichen Obi-Markt. Hier lernte sie Professor Dr. Utho Creusen kennen, Vorstandsmitglied der Baumarktholding. Der Manager für Personal und Controlling las ihren italienischen Namen und sprach sie an. Das Unternehmen wollte nach Italien expandieren und suchte eine kommunikative Mitarbeiterin, die der italienischen Sprache mächtig ist. 1997 ging sie als Juniorsekretärin in die Unternehmenszentrale und arbeitete bis 2001 für Professor Creusen, für den sie die Kontakte zur italienischen Zentrale in Florenz übernahm. Nebenbei nutzte sie die Möglichkeit, sich im Unternehmen zur Kauffrau für Büromanagement weiterzubilden und im OBI Topcenter zu studieren. Nach einer beruflichen Auszeit von 2005 bis 2006 arbeitete sie für ein Werbeblatt im Vertriebs- und Akquisitionsgeschäft. Den Traum von der eigenen Selbstständigkeit verwirklichte Anna-Rita Fanelli 2008 mit dem kleinen Delikatessengeschäft »ToscAnna«. Nach dem Umzug an einen größeren Standort entwickelte sich der Betrieb zu einer gut gehenden Osteria, die bekannt ist für italienische Lebensfreude und gutes Essen. 2012 gründete sie mit einem Partner das lokale PR-Magazin Bestens, das sich mittlerweile zu einer viel beachteten regionalen Zeitschrift entwickelt hat. Anna-Rita Fanelli ist verheiratet und zwei erwachsene Kinder,

> Perseveranza che avanza –
> Mit Ausdauer kommt man
> immer vorwärts!

Italienisches Sprichwort

Als der erste Obi-Markt in Wermelskirchen eröffnet wurde, sitzt die junge Italienerin im Kassenbereich mit der Anweisung, vor 11 Uhr niemanden hereinzulassen. Als ein grauhaariger, dominant wirkender älterer Herr das Haus betritt, weist sie ihn freundlich darauf hin, dass er den Markt noch nicht betreten dürfe. »Kennen wir uns?«, fragt der Herr im Anzug, und bekommt zur Antwort: »Nein, aber Sie werden mir bestimmt gleich Ihren Namen sagen!« – »Ich bin Manfred Maus, Obigründer und Ihr Brötchengeber!«, kommt die prompte Antwort. Aufmerksam begleitet Maus seither die Karriere von Anna-Rita Fanelli, die er immer wieder mit Rat und Tat unterstützt.

Die Stühle der ToscAnna sind gut besetzt an diesem späten Mittwochmittag. Im Hintergrund zischt die Kaffeemaschine, weil sich die Gäste nach einem guten Essen noch den Genuss eines frisch aufgebrühten Espresso oder Cappuccino gönnen. Sich dieser Welt für ein Interview zu entziehen, ist gar nicht so einfach für Anna-Rita Fanelli, denn zwischendurch werden Fragen – mal auf Italienisch, mal auf Deutsch – an sie herangetragen, die keinen Zweifel daran lassen, bei wem hier die Fäden zusammenlaufen. Doch Multitasking gehört offensichtlich zu einem ihrer vielen Talente, und so erzählt sie von ihrer ungewöhnlichen Karriere als Gastarbeiterkind.

1969 kommen die Eltern mit dem Zug am Kölner Hauptbahnhof an, mit wenigen Koffern und der neunmonatigen Anna-Rita De Lorenzo, geboren in Brindisi. Über die Botschaft hat Vater De Lorenzo eine Arbeitsstelle als Vulkaniseur bekommen, die Mutter als Weberin. Der Arbeitgeber holt sie ab und bringt sie ins bergische Wermelskirchen in eine Unterkunft, in der sich mehrere ausländische Familien Küche und Bad teilen. Privatsphäre ist hier ein Fremdwort. »Wir waren wirklich Gastarbeiter – immer mit dem Ziel, ins Heimatland zurückzukehren«, erzählt sie. Regelmäßig schicken die Eltern Geld nach Italien und beginnen dort mit dem Bau

eines Hauses. Die Aufenthaltsgenehmigung ist auf fünf Jahre begrenzt und wird nur verlängert, wenn eine Arbeitsstelle nachgewiesen werden kann. Sonntags treffen sich die Gastarbeiterfamilien im italienischen Gemeindezentrum – man bleibt unter sich. So besucht Anna-Rita auch keinen deutschen Kindergarten und spricht nur italienisch, bis der Schularzt entscheidet, dass sie dort ein Jahr lang vor der Einschulung am besten aufgehoben ist. »Als ich 1976 eingeschult wurde, konnte ich so gut Deutsch sprechen, dass ich für alle anderen dolmetschen musste.« Selbst der Unternehmer, der in seinem Haus die Mieten der Gastarbeiterfamilien in bar kassiert, nimmt ihre Dienste in Anspruch.

In ihrer Schulklasse hat sie es als einzige Italienerin jedoch schwer, dem Unterricht zu folgen. »Auf meinen Zeugnissen stand ›hohe Auffassungsgabe, Sprache schlecht, lässt sich leicht ablenken‹.« Der Schulleiter führt später alle italienischen Kinder in einer Klasse zusammen, in der ein Lehrer Deutsch unterrichtet, während die anderen Fächer in Italienisch gelehrt werden. Das Ziel der Eltern heißt damals immer noch: zurück nach Italien. »Im Keller wurden Kartons mit Vorräten und Gebrauchsgegenständen gestapelt und einmal jährlich mit dem Lkw nach Italien transportiert«, erinnert sich die Unternehmerin. Die Hauptschule

ist die nächste Hürde. Hier wird die Anpassung an das bestehende System verlangt. Das gelingt: 1985 schließt Anna-Rita die Hauptschule ab, besucht zwei Jahre lang die Handelsschule und macht dort ihr Fachabitur. 1990 geht sie auf eine private Wirtschaftsschule, wo sie eine Ausbildung zur Sekretärin absolviert. Mittlerweile ist die junge Frau verheiratet. Emidio Fanelli, ein junger Mann aus dem Nachbarort in Italien, hat sie bei einem Besuch in Deutschland kennen und lieben gelernt. Der junge Stuckateur findet bei einem bergischen Unternehmen eine Anstellung als Schweißer und führt seine Anna-Rita 1987 zum Traualtar. 1989 wird Sohn Giuliano geboren, und das Haus in der Heimat bekommt eine obere Etage für die junge Familie. Doch dieser Traum platzt. »Als ich 1994 nach Italien ging, um die Papiere für die Einschulung unseres Sohnes in Deutschland zu besorgen und weitere Dinge zu erledigen, merkte ich, dass ich mit meinem Wissen und meinem mittlerweile deutschen Lebensstil hier fehl am Platze war.« Ihr beruflicher Werdegang hat da schon begonnen: 1991 als Kassiererin im örtlichen Obimarkt gestartet, wird sie bald Kassenaufsicht und arbeitet ab 1995 im Büro. Sie lernt hier nicht nur Manfred Maus, den Gründer der Baumarkt-Kette, kennen, sondern auch Prof. Dr. Utho Creusen, der sie anhand ihres Namensschildes als Italienerin identifiziert hat. Er holt sie in die Systemzentrale, wo sie weiter an ihrer Karriere arbeitet. 1996 wird Tochter Melissa geboren, um die sich später hauptsächlich die Oma kümmert. Ehemann Emidio hat Früh- und Spätschicht. »Eine sehr schwierige Zeit, in der wir sehr diszipliniert sein mussten«, meint Anna-Rita rückblickend. Und denkt über die weitere Zukunft ihrer Familie nach.

Im Jahr 2004 pausiert sie für ein Jahr und fängt dann bei einem Anzeigenblatt neu an, wo sie sich mit Vertrieb und Akquisition beschäftigt. Doch ihr eigentlicher Traum ist ein anderer: Nämlich die zwei Herzen in ihrer Brust zu vereinen, das deutsche und das italienische. Gleichzeitig möchte sie Ehemann und Kinder versorgt wissen. Sie beschließt, italienisches Flair ins Bergische zu holen und eröffnet 2008 ein kleines Delikatessengeschäft für Käse, Wein und Wurst sowie hausgemachte Pastagerichte. »Hier kann Emidio arbeiten, und hier soll unsere Tochter nach der Schule hingehen können«, hat sie sich ausgedacht. Sie selbst hat den Arbeitsvertrag eines italieni-

schen Lebensmittelherstellers auf dem Tisch liegen. Wieder geht es um Kommunikation zwischen Deutschland und Italien. Doch Anna-Ritas Pläne für sich und ihre Familie gehen nicht auf. Der Vermieter des Geschäftes kündigt fristlos, weil er die Zubereitung frischer Speisen in seinem Ladenlokal nicht duldet. Das wird schnell zum Stadtgespräch, denn in der kurzen Zeit seit der Eröffnung hat sich die ToscAnna einen guten Namen gemacht. Aus Finnland meldet sich der Eigentümer frei stehender Geschäftsräume, die er eigens für die ToscAnna als Lokal mit Schankerlaubnis umbauen möchte. Nach kurzem Zögern willigt Anna-Rita ein. Auf das kleine Lädchen mit 13 Sitzplätzen folgt eine bald gut gehende Osteria für 56 Gäste, die sie managt. Emidio steht nach diversen Fortbildungen als Koch am Herd und wird vom WDR für die Sendung »Deckel hoch!« entdeckt. Seine rührige Ehefrau kümmert sich derweil um die Gäste und um die Kommunikation.

Als eines Tages die Presse nicht über den Barrista-Meister berichtet, den sie für eine Aktion engagiert hat, trommelt sie kurzentschlossen weitere Unternehmer aus ihrem Netzwerk zusammen und hebt ihr eigenes PR-Magazin Bestens aus der Taufe, das heute regionale Bedeutung erlangt hat. Hier pflegt sie die Vernetzung regionaler Unternehmen und Dienstleister, engagiert sich für Ausbildungsthemen und betreibt öffentlichkeitswirksames Marketing für Stadt und Region. Für die temperamentvolle Italienerin, der Kommunikationstalent offensichtlich in die Wiege gelegt wurde, ist Stillstand jedoch ein Fremdwort. Mit Weiterbildungen in Marketing bereitet sich Anna-Rita auf die nächsten Schritte vor.

Frauke Feess
Eine Frau auf der Überholspur

Frauke Feess wurde 1973 in Berlin als mittleres von drei Kindern geboren. Nach ihrem Abitur studierte sie ein Jahr in Colorado, in den USA. Es folgte ihr BWL-Studium an den Universitäten Frankfurt am Main und Paris-Dauphine, welches sie mit einem Doppel-Diplom als Diplom-Kauffrau und einer Maîtrise de Science de Gestion mit Prädikat beendete. 1999 begann sie ihre berufliche Laufbahn in einer Unternehmensberatung. Später wechselte sie in die Holding eines Versicherungskonzerns und durchlief verschiedene Funktionen bis zur Leiterin Strategisches Marketing und Marken-Management für die deutschlandweite Gruppe. 2008 wurde sie Director der Unit Versicherungen einer Frankfurter Unternehmensberatung. 2009 machte sie sich als Unternehmensberaterin selbstständig. Im Jahr 2017 gründete sie den »The Private Collectors Club«, ein internationales Netzwerk bedeutender Sammler, und veranstaltete 2019 erstmals die GERMANY 1000 Miles Tour. Sie ist Gründungsmitglied des gemeinnützigen Vereins Daktari for Maasai e. V. und engagiert sich persönlich für das medizinische Hilfsprojekt in Tansania.

Entspannt, stolz und über alle Maßen glücklich schaut die große schlanke Frau in die Kamera. Mit einer Hand winkt sie mit einem karierten Ziel-Fähnchen, die andere hält ihren Helm. Wir sehen Frauke Feess nach der letzten Etappe der La Carrera Panamericana. Die legendärste und gefährlichste Oldtimer-Rallye der Welt dauert acht Tage, führt über 3.600 Kilometer quer durch Mexiko, beinhaltet unvorhersehbare Zwischenfälle, Pannen und Unfälle und erfordert daher eine enorme mentale und körperliche Stärke. Viel Zeit dafür hat sie allerdings nicht. »Ein Freund und erfahrener Fahrer suchte einen Co-Piloten für das Rennen«, erzählt sie und ihre blauen Augen funkeln begeistert. »Ich überschlief es und sagte dann zu.« Nur 50 Tage bleiben ihr, um sich mental und physisch vorzubereiten. »Ich musste meine Nackenmuskeln aufgrund der starken Fliehkräfte trainieren, Navigation an mexikanischen Landkarten üben und mich bis zum Rennen richtig fit machen.« Ausgerüstet mit professionellem Renn-Overall, Helm und feuerfestem Schuhwerk kommt sie im Oktober 2016 in Mexiko an und trifft auf 160 fast ausschließlich männliche Teilnehmer. Nur fünf Frauen gehen an den Start. »Vier davon mexikanische Profi-Co-Pilotinnen – und ich!« Sie lacht und streicht sich eine lange blonde Locke aus dem Gesicht. Als auffällig attraktive Blondine unter lauter Männern aufzutreten und klare Ansagen zu machen ist ihr nicht neu. Durch ihr bisheriges Berufsleben ist sie auf solche Auftritte gut vorbereitet.

Geboren wird Frauke 1973 in Berlin. Ihr Vater ist Arzt, die Mutter »als Hausfrau stillgelegte Kosmopolitin«, die mehrere Sprachen fließend beherrscht und viele Jahre für Lufthansa und den Berliner Senat gearbeitet hat. Als der Vater nach Essen berufen wird, folgt der Umzug der inzwischen auf drei Kinder angewachsenen Familie. Hier wird Frauke schon mit fünf Jahren eingeschult. »Ich wollte es damals meinem älteren Bruder in allem nachtun und habe so lange herumgejammert, bis ich auch in die Schule durfte.« Ein frühes Zeichen dafür, dass sie das, wofür sie sich einsetzt, auch erreicht. Ein Jahr jünger als ihre Mitschüler kommt sie später auf ein ehemaliges Jungen-Gymnasium, wird Schülersprecherin und macht hier mit 18 Jahren Abitur. »Als eines der wenigen Mädchen und mit einem älteren Bruder lernte ich, mich früh durchzusetzen«, erinnert sie sich nachdenklich. Sie beschließt, gleich nach dem Abitur ein Auslandsjahr in Colorado Springs zu nutzen, um sich für ihren späteren Weg zu orientieren. Von ihrer eigentlichen Passion, einem Medizinstudium, rät ihr Vater ab, zu schlecht sind die Arbeitsbedingungen damals auf dem übersättigten deutschen Markt. Dennoch lässt sie sich nicht ganz von der Idee abhalten und macht ein

mehrmonatiges Pflegepraktikum auf der Chirurgischen Station eines Krankenhauses, wo sie wichtige medizinische Grundlagen lernt. Diese kann sie heute aktiv nutzbar machen. Als Gründungsmitglied des gemeinnützigen Hilfsprojektes Daktari for Maasai e. V. fährt sie zweimal im Jahr auf eigene Kosten gemeinsam mit befreundeten Ärzten nach Tansania und hilft dort, wo sie nur kann.

Doch zurück ins Jahr 1992. Neben Naturwissenschaften, Theater und Kunst interessiert sie sich für Wirtschaft. Die Mutter, die selbst einige Jahre im Ausland studiert hat, unterstützt sie in dem Vorhaben. »Ich nutzte das Auslandsjahr, um in Informatik und BWL hineinzuschnuppern und mein Englisch zu vertiefen.« Zurück in Deutschland schreibt sie sich 1993 an der Universität Frankfurt am Main für ein Studium der Betriebswirtschaftslehre ein. »Diese Universität bot einen fest installierten Austausch mit der Universität Paris-Dauphine an.« Nach vier Semestern Grundstudium bewirbt sie sich für Paris und wird von 50 Aspiranten gemeinsam mit nur sieben anderen angenommen. »Um unseren Abschluss in Deutschland anerkannt zu bekommen, mussten wir das Studium in nur drei Semestern

schaffen anstatt in vier wie unsere französischen Kommilitonen.« Als Maîtrise de Sciences de Gestion kehrt sie zurück nach Frankfurt, um hier die letzten drei Semester ihres Spezialisierungsstudiums zu absolvieren und 1999 als Diplom-Kauffrau mit Prädikat abzuschließen. An der Uni lernt sie ihren Mann kennen und folgt ihm nach New York, wo er für ein halbes Jahr als Gastprofessor forscht. Nach der Rückkehr nimmt sie eine Stelle als Unternehmensberaterin in Bad Homburg an und beginnt ein Leben aus dem Koffer mit vielen Reisen. 2000 folgt ihr Umzug nach Aachen – der Ehemann wird an die dortige Universität berufen. »Ich konnte meine Arbeit zunächst weiterführen«, erklärt Frauke, die weiterhin europaweit unterwegs ist und mobil an den Arbeitgeber berichtet. »Von der Stadt Aachen selber bekam ich fast nichts mit.« 2001 entschließt sie sich diesen Zustand zu ändern und den Arbeitgeber zu wechseln. »Der Vorstandsvorsitzende der Aachener und Münchener Beteiligungsgesellschaft suchte für die Stabsstelle Konzernentwicklung interne Berater. Mein Bewerbungsgespräch dauerte nur 20 Minuten, dann hatte ich ihn mit meinem Background und meiner Spezialisierung in Finanzdienstleistungen und Unternehmens-

beratung überzeugt.« Acht Jahre wird sie bleiben, umgeben von Männern in Führungspositionen, die sie immer wieder klischeehaft beurteilen. »Ich war damals die jüngste in der Führungsetage, die einzige Frau und dazu noch blond; aber ich habe die üblichen Machtspiele sehr schnell durchschaut und mich mit Kompetenz durchgesetzt«, erklärt sie. Später leitet sie die Abteilung für Strategisches Marketing und Marken-Management und holt sich nur Frauen ins Team. Mit einer Einschränkung: »Als Quotenmann hatten wir einen Praktikanten«, lacht sie.

Frauke, inzwischen freundschaftlich von ihrem Mann getrennt, verfolgt in ihrer Firma eine steile Karriere, die in die Vorstandsetage führen soll. Doch der Anruf eines Headhunters ändert im Februar 2008 den Kurs. »Er bot mir die Leitung der Unit Versicherungen in einer Unternehmensberatung in Frankfurt an«, erinnert sie sich und überlegt nicht lange. Mit Mitte dreißig kündigt sie und ist bereits drei Monate später zurück in Frankfurt. Ihr Ruhepol bleibt ein 300 Jahre alter Hof bei Aachen, den sie sich bereits 2005 gekauft hat. »Es war ein sehr heruntergekommenes Anwesen und alle rieten mir davon ab.« Doch wie

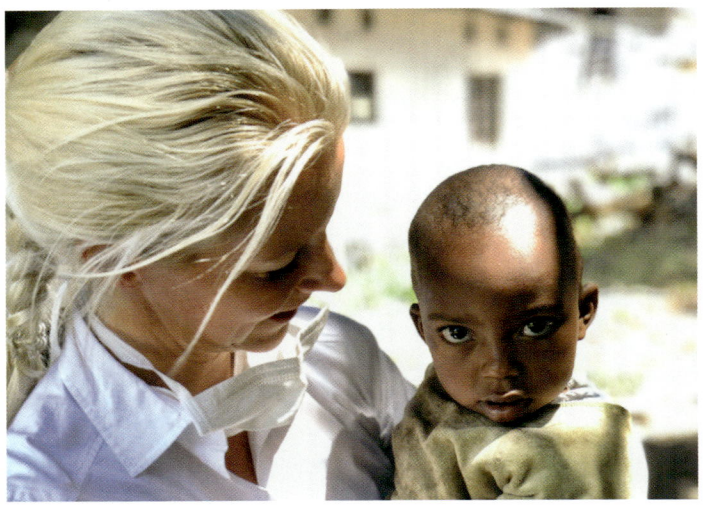

so oft setzt sie sich durch, saniert und baut das Gehöft um. »Morgens um sieben Uhr fuhr ich im Businesskostüm zur Baustelle und abends spät nach der Arbeit erneut mit meiner Taschenlampe zur Kontrolle.« Die Mühe lohnt sich; nach nur eineinhalb Jahren ist das Projekt fertig. Ab 2008 pendelt Frauke Feess mit der Bahn von Aachen nach Frankfurt, wo sie ein kleines Appartement gemietet hat.

Ein Schicksalsschlag ändert den Weg der jungen Karrierefrau nach nur einem Jahr. Ihre geliebte Mutter erkrankt an Krebs. »Ich ordnete meine Prioritäten völlig neu«, erinnert sie sich an die schwere Zeit, in der sie die neue Firma verlässt, das Appartement aufgibt, sich ganz den Eltern widmet und fortan von ihrem Ersparten lebt. Die Chemotherapie schenkt etwas Zeit, die sie sich jetzt für beide nimmt. Die Eltern ziehen auf dem Hof ein und pendeln für die medizinische Versorgung nach Essen. »Wir haben Museen besucht, Obst geerntet, gekocht und viele schöne Gespräche geführt«, erzählt sie. »Meine Schwester und ich haben sehr viel von dem Mut und der Abenteuerlust unserer Mutter und unserer Omi geerbt.« Die Großmutter lebte als junge Frau Mitte der 30er Jahre drei Jahre in Palästina – das war außergewöhnlich, fast rebellisch. Die Mutter bereiste, bevor sie Kinder bekam und Hausfrau wurde, die ganze Welt. »Ich bin mit einem Foto in meinem Kinderzimmer aufgewachsen, das meine Mutter in einem traditionellen Gewand, umgeben von pakistanischen Kindern, in Karatschi zeigt. Das hat mich unglaublich fasziniert und geprägt.« Die Monate des familiären Beisammenseins währen

nicht lange, denn nach nur wenigen Wochen ereilt sie der Anruf eines Versicherungsvorstands aus Hamburg mit einem Projektvorschlag. Das nimmt sie zum Anlass und macht sich kurzerhand selbständig. Nach einem vertiefenden Gespräch in Hamburg wird man sich auf dieser Basis schnell einig. »Back to the roots – nur als Freie«, lächelt sie und betreut in den folgenden anderthalb Jahren ein strategisches Wachstumsprojekt. Von der Kündigung in Frankfurt bis zur Selbstständigkeit sind nur drei knappe Monate vergangen, die vom Tod der Mutter überschattet werden. Wie durchgetaktet ist ihr Leben zu dieser Zeit. Jetzt gilt ihre Aufmerksamkeit dem trauernden Vater. Um ihm nahe zu sein, mietet sie ein Büro in Mülheim an der Ruhr und geht von hier aus ihrer Arbeit nach. »FFEESS Consulting lautet meine Marke, einen besseren Namen könnte ich gar nicht erfinden.«

Im Verbund anderer Selbstständiger ist sie schnell unternehmerisch heimisch und fällt durch Konsequenz und professionelles Tempo auf. »Man schlug mir vor, mich für den Unternehmerinnen-Brief des Landes NRW zu bewerben.« Sie gewinnt und wird als Unternehmerin NRW 2009 ausgezeichnet. Nicht nur deshalb spricht sich ihre gute Leistung schnell herum. Strategie- und Wachstumsprojekte, Marketing- und Vertriebsentwicklung sind ihre Stärke, Führungskräfte in dunklen Anzügen und manchmal Frauen in Business-Kostümen ihre ausschließliche Klientel. Die wachsende Auftragslage bestimmt nun ihr Leben. Kraft gewinnt sie an den Wochenenden bei gemeinsamer Gartenarbeit mit dem Vater auf dem ländlichen Hof oder mit ihren niederländischen Freunden

"I go with the flow und fokussiere mich
auf das, was mir Freude bereitet.

Frauke Feess

beim Bummeln im nahegelegenen Maastricht. So lernt sie zufällig York Prinz zu Schaumburg-Lippe kennen. »Mehr als den Namen York kannte ich damals nicht.« York, Vetter des Bückeburger Schlossherrn, befindet sich in einer beruflichen Umbruchphase, hat gerade sein Unternehmen in der Automobilbranche verkauft und möchte sich nun Dingen widmen, die er schön findet. Eine eigene Uhrenkollektion schwebt ihm vor. Frauke solle ihm helfen, diese zu vermarkten. Sie unternehmen lange Fahrten mit dem Oldtimer durch die Umgebung und werden schließlich ein Paar. Frauke übernimmt die strategische Planung und das Marketing für Yorks Chronographen. Das neue Projekt entwickelt sich als Herausforderung, da Messetermine im Ausland oft mit denen ihrer Beratungskunden kollidieren. Eine berufliche Jonglage, die sie trotz aller Schwierigkeiten bestens meistert. In dieser Zeit verlegt sie ihr Büro nach Düsseldorf. Bei vielen Oldtimer-Rallyes ist das attraktive Paar ein gern gesehenes Team. »Warum nicht selbst eine Orientierungsfahrt organisieren?«, überlegen die beiden nach einer besonders schönen Fahrt durch Holland und Belgien. Der erste YORK Concours Chrono findet 2012 in der Grenzregion rund um den Landhof statt und wechselt ein Jahr später nach Schloss Bückeburg ins Schaumburger Land. Frauke schreibt das detaillierte Roadbook und organisiert die gesamte Veranstaltung. »Unsere Gäste sollten Spaß am Fahren und am Feiern haben«, erinnert sie das erste Black-Tie-Event. Der Champagnerempfang findet im großen Festsaal statt, das Dinner an langen Tafeln in der alten Schlossküche. Zu später Stunde setzt sich der Hausherr Fürst Alexander persönlich ans Piano und brilliert. »Wir brachten das Schloss zum Tanzen«, schmunzelt sie, »die Rallye mit Kitchenparty wurde zum Riesenerfolg.« 2016 findet der letzte YORK Concours Chrono statt, denn das Paar trennt sich. Doch die Idee der privat organisierten Rallyes bleibt. »Ich hatte inzwischen ein Netzwerk von Oldtimer-Liebhabern aus aller Welt aufgebaut.« Es sind Sammler nicht nur von exklusiven Automobilen, sondern auch von Kunst, Wein, Antiquitäten und mehr. »Was in der Kunstwelt normal ist, ist unter den Autoliebhabern noch gar nicht Usus«, sinniert sie. Warum also nicht die privaten Sammler dazu bewegen, ihre Sammlungen zu öffnen – nur für Mitglieder des Clubs? Die Idee wird immer konkreter und mit der formalen Gründung von ›The Private Collec-

tors Club‹ im Jahr 2017 realisiert. Als sie von einem Club-Mitglied aus Ecuador gefragt wird, für welche mehrtägige Langstreckentour in Deutschland es sich lohnen würde, den eigenen Oldtimer mitzubringen, muss sie leider feststellen, dass es so etwas im Automobilland Deutschland nicht gibt. Sie nimmt all ihre Erfahrung zusammen und organisiert eine derartige Tour in englischer und deutscher Sprache kurzerhand selbst. Das Erste Deutsche Fernsehen wird auf die Veranstaltung aufmerksam und entsendet einen Filmemacher, der die gesamte Tour begleiten soll. Im Mai 2019 geht die GERMANY 1000 Miles Tour erstmals in Berlin an den Start. Die fünftägige Charity Rallye vom Brandenburger Tor bis München, auf deren Fahrt durch die schönsten Regionen Deutschlands private Sammlungen und Manufakturen besichtigt werden und Schlossherren ihre Pforten öffnen, begeistert die Teilnehmer. Die Gäste aus Südamerika, den USA, Frankreich, dem Iran und Deutschland sind mit außergewöhnlichen Fahrzeugen angereist. Die gesammelten Spenden der Teilnehmer fließen dem Hilfsprojekt in Tansania zu. »Mein Anspruch ist es, das Edle und Schöne zu genießen und die Tour zu nutzen, um von einem verborgenen Einblick zum nächsten zu fahren.« Der Löwe im Logo fungiert als Wächter und schützt die Sammlungen symbolisch vor neugierigen Blicken. Entsprechend exklusiv sind die Touren, die Frauke plant und für ihre Gäste durchführt. »Wir sind wie eine große Familie, und wie eine solche treffen wir uns auch. Aspiranten, die einen finanziellen Profit wittern, werden ausgeschlossen.« Damit sind Händler, Auktionshäuser und Privatbanken gemeint. Diese berät die mutige Powerfrau weiterhin geschäftlich, wenn auch durch ihre Erfahrungen mit den exklusiven Rallyes inzwischen deutlich emotionaler. »Heute lege ich mehr Wert auf das Vermitteln von Stimmungen, wenn ich große Konferenzen oder Tagungen vorbereite und breche fixe Denkmuster mit Kreativität auf«, sagt sie.

Wie sie das alles zeitlich schafft, möchte ich zum Abschluss des Gesprächs in ihrem Düsseldorfer Büro noch wissen. »I go with the flow, nehme Herausforderungen an und ergreife Chancen so, wie sie sich im Leben ergeben und fokussiere mich auf Lösungen.«, sagt sie und fügt hinzu: »Ich mache nur das, was mir wirklich Freude bereitet und meine Seele bereichert.«

Sylvia Fehn-Madaus

Von Beichtstühlen, Geheimgängen und Staatsoberhäuptern

Sylvia Fehn-Madaus wurde 1970 als jüngere von zwei Schwestern in Köln geboren.
Nach ihrer Ausbildung zur Köchin im »Excelsior Hotel Ernst« in Köln folgten Etappen im
»Nassauer Hof« in Wiesbaden, im Sternerestaurant »Chesery« in Gstaad, im Hotel
»Mont Cervin« in Zermatt und im Sternerestaurant »Mathes« in Ahn, Luxemburg. Von 1994 bis
1996 besuchte sie die Hotelfachschule in Heidelberg, um anschließend im südafrikanischen
Kapstadt als Küchenchefin im Restaurant »Guinea Fowl«, auf dem Weingut Saxenburg und als
Restaurantmanagerin in dem Hotel »Erinvale Golf Resort« zu arbeiten. Im Oktober 1999 ist sie in
den elterlichen Betrieb »Em Krützche« eingestiegen und ist hier seit 2012 Geschäftsführerin.
Sylvia Fehn-Madaus lebt mit ihrer schulpflichtigen Tochter in Köln.

Urig und heimelig: So lieben die Kölner ihr traditionelles Stammlokal in der Altstadt, gelegen im Schatten des Domes. Tritt man durch die Tür in den gediegenen Gastraum, fühlt man sich in eine gemütliche Zeit von früher zurückversetzt. Alte blaue Delfter Kacheln zieren die Wände. Gleich am Eingang befindet sich der »Beichtstuhl«, der allerdings nichts mit katholischem Brauchtum zu tun hat. Eine Treppe führt hinauf in die weiteren Galerieäume. Dicht an dicht hängen spannende Fotos an der Wand, die zahlreiche Prominente aus Politik, Film und Gesellschaft zeigen – alle zufriedene Gäste des »Em Krützche«.

Nach der Gänsezeit ist vor der Gänsezeit«, erzählt Sylvia Fehn-Madaus zur Begrüßung im Februar, »aber die Buchungen für die nächste Weihnachtssaison laufen schon auf Hochtouren.« Seit Jahrzehnten werden ab Ende Oktober bis Ende Dezember jährlich 1.000 Gänse im »Em Krützche« gebraten – oft von der Chefin selbst am Tisch der Gäste tranchiert. Die sympathische junge Frau hat in zweiter Generation die Führung dieses traditionellen Hauses in Köln von ihren Eltern Ottilie und Erich Fehn übernommen. Dass sie die langjährige Geschichte des Gasthauses einmal fortführen sollte, ist ihr nicht in die Wiege gelegt. »Nach meinem Realschulabschluss bei den Ursulinerinnen in Köln war mir klar, dass ich in die Grand Hotellerie einsteigen wollte – am liebsten im Ausland.« Der Kochberuf biete dafür als Einstieg die beste Basis, weist die heutige Gastronomin auf ihre Erfahrung.

Als jüngere von zwei Schwestern wird sie 1970 in Köln geboren und erlebt das Gewerbe eines beruflichen Gastgebers von kleinster Kindheit an. »Mein Vater wurde zum Koch im ›Domhotel‹ in Köln ausgebildet, meine Mutter ist Konditorin«, erzählt sie. »Als sie 1971 ›Em Krützche‹ übernahmen, war es ein heruntergewirtschaftetes Lokal. Sie arbeiteten mit viel Fleiß und Engagement rund um die Uhr, um ihm den Ruf zu bescheren, den es heute genießt.« Nach der Mittleren Reife entschließt sich Sylvia für eine Kochausbildung im renommierten »Excelsior Hotel Ernst«. »Es waren überaus harte Lehrjahre«, erinnert sie sich heute und wischt sich nachdenklich eine blonde Strähne aus dem Gesicht. Frauen seien in diesem Berufsfeld nicht erwünscht gewesen, doch der Betreiber des luxuriösen Hotels und die Inhaber des »Em Krützche« sind befreundet, und so gelingt es ihr mit ein wenig Nachdruck als jüngste Auszubildende hier anzufangen. »Ich war ja erst 17 und so zierlich wie heute«, schmunzelt sie. Darauf wird jedoch keine Rücksicht genommen – mit Ausnahme des Hackens von schweren Knochen zur Zubereitung von Fleischfonds. »Das musste ich nicht machen, aber die Arbeitszeiten waren enorm hart und lang.« Dazu kommt die Berufsschule, doch die junge Auszubildende kann durch Strebsamkeit und Zuverlässigkeit punkten und durchschreitet

„Ich bin Gastgeberin aus Leidenschaft!"

Sylvia Fehn-Madaus

erfolgreich die Etappen der Kochlehre. »Mein Vater hatte mit mir sogar auf einem Bierdeckel um 1000 DM gewettet, dass ich es nicht schaffe, ohne einen einzigen Fehltag«, schmunzelt sie. »Dafür musste ich die raubeinigen Köche mit ihren teilweise cholerischen Ausbrüchen überstehen und meine bestandene Prüfung ohne Fehlzeiten vorweisen.« Im »Excelsior Hotel Ernst« durchläuft sie alle Posten eines Kochs in den Bereichen »à la carte«, »Bankett« und »Catering« als Pâtissier, Garde-Manger, Entremetier und Saucier. Der Druck habe sich gelohnt, sagt Sylvia und weist auf derzeitige Zustände. »Heute sind die Stunden für Auszubildende wesentlich kürzer als damals.«

Auch während der nächsten Stationen wird ihr der Beruf nicht leicht gemacht. Frauen als Koch sind in den 1990er Jahren eher selten. Im »Nassauer Hof« arbeiten von 40 Köchen lediglich vier Frauen, und im »Chesery« in Gstaad wird sie als Frau nur aufgenommen, weil es eine Lücke gibt, die schnell besetzt werden muss. Hier entwickelt die junge Frau eine schwere Lebensmittelkontaktallergie an den Händen, die ihr das Weiterarbeiten unmöglich macht. »20- bis 30-mal am Tag Händewaschen durch das Hantieren mit den Krustentieren – mein Säureschutzmantel war komplett zerstört.« Sie bewirbt sich 1992 als Commis de Rang im Gourmet-Restaurant des 5-Sterne-Hotels, »Mont Cervin« in Zermatt. »Vorlegen und tranchieren konnte ich, und erfüllte außerdem die Voraussetzung, mindestens drei Sprachen sprechen zu können.« Schnell avanciert sie zum Chef de Rang, indem sie die Zwischenstation »Demi-Chef« überspringt. In diesem Beruf ist es Usus, als junger, aufstrebender Gastronom oft und schnell die Stationen zu wechseln. Bei einem kurzen Sommeraufenthalt im Sternerestaurant »Mathes« in Luxemburg festigt Sylvia ihre Französisch-Kenntnisse und kehrt für einen Winter zurück nach Zermatt, denn auch das Skifahren gehört zu ihren Leidenschaften. »Ich hatte jetzt genug praktische Erfahrungen«, sagt sie und bewirbt sich 1994 an der Hotelfachschule in Heidelberg. Als Schwerpunkt wählt sie Finanzierung und Steuern. 1996 absolviert sie ihr Diplom als Hotelbetriebswirtin und hat zudem gute Allrounderfahrungen in vielen Bereichen sammeln können. »Während der Hotelfachausbildung habe ich überall reingeschnuppert, nebenbei gejobbt und Geld verdient«, erklärt sie und weist auf ihre

Kenntnisse in Eventorganisation und Sponsorensuche. An der Hotelfachschule lernt sie ihren ersten Mann kennen und folgt ihm nach Südafrika. »Auch wenn die Ehe nach zwei Jahren gescheitert ist«, erinnert sie, »habe ich die Zeit in Kapstadt beruflich gut nutzen können.« Nach dem Regimewechsel 1996 gelten zwar neue Gesetze, die allen Weißen den Zugang zu Arbeitsbewilligungen erschweren, doch Sylvia Fehn-Madaus gelingt es, bis 1997 als Küchenchefin im Weingut Saxenburg und anschließend als Restaurantmanagerin im Golfhotel »Sommerset West« zu arbeiten. 1998 bringt sie das Ehe-Aus zurück nach Köln, mit dem festen Entschluss, den elterlichen Betrieb nicht zu übernehmen. »Ausgeholfen habe ich allerdings schon und mir überlegt, wie es weitergehen soll.«

Im Sommer 1999 wird der Weltwirtschaftsgipfel G 8 in Köln abgehalten. Es soll ein Wendepunkt im Leben der jungen Gastronomin werden. Für die Staatschefs wird ein typisch kölsches Traditionshaus gesucht. Die Wahl fällt auf das »Em Krützche«. »Alle kamen zu uns«, erinnert sie sich und zeigt auf eine Reihe Fotos, die im Treppenhaus hängen und die damaligen Gäste zeigen. »Von Bill Clinton und seiner Frau Hillary, Gerhard Schröder und Jacques Chirac bis hin zu Tony Blair – ich habe jedem die Hand gegeben«, erklärt sie lächelnd und gibt zu, da sei sie mit dem »Em Krützche«-Virus infiziert worden.

Ab 1999 ist Sylvia Fehn-Madaus fest im elterlichen Betrieb eingespannt. 2002 heiratet sie erneut und bekommt 2004 ihre Tochter Ann-Sophie. Trotz Baby verliert die junge Mutter nie den Kontakt zum Betrieb und arbeitet anfänglich halbtags, um bald wieder voll einzusteigen. Nach und nach ziehen sich die Eltern zurück; 2012 übernimmt die junge Mutter deren Anteile und wird zur Geschäftsführerin ernannt. »Der Übergang war nicht immer leicht«, gesteht sie. Schließlich sei es das Lebenswerk ihrer Eltern gewesen. Zu viele Erneuerungen würde ein solch traditionsreiches Haus nicht vertragen, fügt sie hinzu. Seit 1589 urkundlich belegt, verdankt das Haus seinen Namen einem alten Bilderstock, der früher an der alten Stadtmauer angebracht war. Das Krützche – ein süffiges Bier, versetzt mit Kräutern, Staudenfrüchten und einem Schuss Honig – wurde bis zum 2. Weltkrieg als das »Krützchen-Gruit« gebraut und ausgeschenkt und

war bei Pilgern, Kaufleuten und Hafenarbeitern genauso beliebt wie bei Rats- und Domherren. Zu der Geistlichkeit bestand bis 1910 eine besondere Beziehung: Ein unterirdischer Gang vom Dom zum »Em Krützche« diente als Fluchtweg für die Domherren bei Gefahr in Verzug. Heute dinieren hier die Domherren mehrfach im Jahr. Im 2. Weltkrieg wurde das Haus vollständig zerstört und danach zunächst in bescheidener Form mit einer oberen Etage wieder aufgebaut. Als der kinderlose Vorbesitzer 1969 das Haus an Axel Theobald Simon, der als Student das »Em Krützche« zu seinem Lieblingslokal erkoren hatte, verkauft, wechselt es in die Hände der Bitburger Brauerei. Zwei Pächter folgen, bis Ottilie und Erich Fehn das historische Haus vorm Niedergang retten. In den Jahren 1986 und 1987 wird die letzte Baulücke in der Kölner Altstadt geschlossen und das »Em Krützche« auf insgesamt vier Stockwerke aufgestockt. Neben dem Chippendale-Zimmer, aus der früheren Wirtswohnung entstanden, folgt das Kaminzimmer, das mit antiken Spiegeln aus französischen Schlössern und Stuckdecken eingerichtet wird. »Die alten Delfter Kacheln im Schankraum stammen aus der Nachkriegszeit und haben den damaligen Besitzer ein Vermögen gekostet«, erklärt Sylvia Fehn-Madaus. Dann zeigt sie auf den sogenannten Beichtstuhl, der niemals seinem Namen nach eingesetzt wurde. »Hier haben früher die Köbesse das Bier selbst bezahlt, bevor sie es an den Gast verkauften«, erklärt die Kölnerin einen alten rheinischen Brauch, der zuweilen in alten Brauhäusern immer noch umgesetzt wird. Denn

der Köbes war nicht nur Kellner, sondern auch eigener Unternehmer und garantierte damit einen reibungslosen Umsatz. Was früher als Verkaufsstelle diente, ist heute Bestandteil des Inventars. Als historisches Schmuckstückchen bietet der Beichtstuhl zwei extra Plätzchen zum Schmausen und Wohlfühlen. Überhaupt wird dem Wohlfühlen im »Em Krützche« eine große Bedeutung zugeschrieben. Gern erklärt die Chefin die Philosophie ihres Betriebs. »Wir bewahren die Tradition und Historie des Hauses, und das erwarten unsere Gäste auch.« So bietet das Traditionslokal gehobene regionale und saisonale Küche wie »Rheinischer Sauerbraten« und die stadtbekannte gebratene Gans. Aber auch seltene Gerichte wie Kalbsbries oder Kalbskopf würden die Stammgäste ebenso schätzen. Zu diesen zählen inzwischen mehrere Generationen einer Familie. »Viele junge Familien kommen her, um hier besondere Feste zu feiern, wie sie es selbst in ihrer Jugend hier erlebt haben. Kommunion und Taufe, sind bei uns sehr beliebt, und wenn die Terrassen-Saison beginnt, sind wir regelmäßig ausgebucht.«

Es ist der persönliche Einsatz der Gastgeberin, der überall im Haus spürbar ist. Das merken auch die »Kölschen Originale«, die als Stammgäste regelmäßig im »Em Krützche« anzutreffen sind. »Su wie dat in Kölle so is: Hier, wo man sich wohlfühlt, kommt man am schnellsten mit anderen ins Gespräch« – noch so eine schöne alte Kölner Tradition.

Sarah Janine Flocke

Von Rüttenscheid in die Welt der Kommunikation

Sarah Janine Flocke wurde 1980 in Essen geboren und ist dort aufgewachsen. Nach einem Studium der Sozialwissenschaften in Duisburg und einigen Jahren als freie Journalistin für unterschiedliche Medien, unter anderem für die Online-Redaktion des WDR, gründete sie 2012 eine Kommunikationsagentur. Seit 2018 ist sie Geschäftsführerin der Flocke Kommunikation GmbH, einer Agentur, die Kommunikationslösungen für mittelständische und öffentliche Betriebe entwickelt. Mit ihren Töchtern Noa Marie und Lilja Amélie lebt Sarah Janine in Rüttenscheid, einem pulsierenden Stadtteil Essens.

»Bis meine Tochter in die Kita gehen konnte, habe ich sie manchmal zu Terminen mitgenommen.«, beschreibt sie die Zeit nach der Geburt ihrer ersten Tochter im Jahr 2009. Zwar
sei das ungewöhnlich gewesen. Manche hätten schon etwas skeptisch geschaut. »Doch als die
Kunden gesehen haben, dass die Jobs trotzdem gut liefen, waren gelegentliche Kinderlaute als
Hintergrundgeräusch bei Telefonaten akzeptiert.«

Dass Familie und Unternehmerdasein durchaus vereinbar sind, hat Sarah Janine bereits in
ihrer Kindheit erlebt. Ihre Eltern waren beide über Jahre hinweg selbstständig. »Für mich war die
Selbstständigkeit daher von Anfang an eine Option, die zudem meinem Drang nach Unabhängig-
keit und kreativer Entfaltung entsprach. Heute gefällt mir, dass ich gestalten kann und
Verantwortung für die Entwicklung eines Unternehmens habe.«

I ch lebe gerne in Essen und im Ruhrgebiet«, sagt Sarah Janine Flocke, deren Familie aus dem Stadtteil Rüttenscheid stammt. »Dass die Region trotz aller Probleme ihre Vorzüge hat, habe ich schon als Studentin festgestellt, als ich ein Semester im naturgewaltigen Norwegen verbracht habe, was eine tolle Erfahrung war. Aber auf Dauer wollte ich gerne in Rüttenscheid leben.« Heute ist die Sozialwissenschaftlerin Geschäftsführerin einer Kommunikationsagentur mitten in »ihrem« Stadtteil.

Unternehmerische Verantwortung geht für Sarah Janine jedoch über das eigene Unternehmen hinaus. Ehrenamtlich engagiert sie sich für den Gruga-Park, der wenige hundert Meter von ihrem Büro in Rüttenscheid entfernt liegt. »Wir möchten den hohen Wert, den der Park für die Lebensqualität in Essen besitzt, weiter steigern. Dafür braucht es das Engagement von vielen Freiwilligen und Förderern«, erklärt sie ihre Tätigkeit für den Verein besonders in den Bereichen Marketing und PR. Auch im Vorstand des Kinderschutzbundes

Ortsverein Essen e. V. setzt sie sich ehrenamtlich ein, denn: »Auch für Kinder, insbesondere in schwierigen Situationen, wird nach wie vor zu wenig getan. Der Kinderschutzbund leistet hier vorbildliche Arbeit vor Ort, die ich sehr gerne unterstütze.« Damit gebe sie auch etwas von dem zurück, das ihr selbst so reichhaltig geboten wurde: Unterstützung durch ein tragfähiges soziales Umfeld, ganz besonders durch ihre Eltern, »die mir während jeder Phase meiner persönlichen und beruflichen Entwicklung zur Seite standen.«

In Rüttenscheid wächst Sarah Janine in einem liberalen Elternhaus auf. Der Vater bekleidet als Ingenieur zunächst eine verantwortungsvolle Position bei Thyssen und ist oft für den Konzern unterwegs, die Mutter ist im Immobilienbereich selbstständig. Später arbeiten beide gemeinsam in ihrer eigenen Firma. Das Büro liegt im Erdgeschoss, die Wohnung im ersten Stock. »Hier habe ich quasi am Küchentisch erlebt, dass Selbstständigkeit bedeutet, Lösungen zu finden, auch ungewöhnliche.« Als 1991 Bruder Pascal geboren wird, kommen

> „Unabhängig, frei sein zu wollen ist
> mein Antrieb für Selbstständigkeit."
>
> Sarah-Janine Flocke

Au-Pair-Mädchen ins Haus, um die Eltern zu entlasten. Die Schullaufbahn von Sarah Janine führt bis zum Fachabitur. Im Wintersemester 2001/02 beginnt sie ein Studium der Sozialwissenschaften an der Gesamthochschule Duisburg – mit dem Berufswunsch politische Journalistin. »Recherchieren und Schreiben fand ich toll. Ich stellte mir vor, später im Politikressort zu arbeiten, am besten im Ausland. Dabei habe ich allerdings übersehen, dass ich am liebsten in Essen bin«, meint sie lachend. Die Studentin ist bald scheinfrei, so dass sie nebenher als freie Journalistin für einen Verlag und ein Online-Magazin schreiben kann, um ihren Lebensunterhalt zu finanzieren und Berufserfahrungen zu sammeln.

Die Anfänge des Internetjournalismus fallen genau in diese Zeit. Hier bietet sich für Journalisten ein riesiges Experimentierfeld mit vielen Freiheiten. »Die Möglichkeiten der Online-Berichterstattung haben mich fasziniert«, beschreibt sie ihre Motivation. Unter anderem für die Onlineredaktion des WDR ist sie tätig. Allerdings wird nicht das Politik-, sondern das Wirtschaftsressort zu ihrem Spielfeld. »Es war eine harte Schule, in der ich viel gelernt habe.«

Auch dass freier Journalismus und Familie schlecht miteinander vereinbar sind. Sarah Janine entscheidet sich daher für ein PR-Volontariat. Bei einer mittelständischen Agentur in Düsseldorf wird sie fündig und sammelt hier weitere Berufserfahrungen im redaktionellen Bereich. 2009 wird Tochter Noa Marie geboren, 2010 beendet Sarah Janine Flocke ihr Studium als Diplom-Sozialwissenschaftlerin – und ist schon mittendrin in ihrer Selbstständigkeit. Sie schreibt Konzepte und PR-Texte – und gibt als freiberufliche Dozentin ihre Kenntnisse und Erfahrungen in den Bereichen PR, Social Media und Online-Marketing in Seminaren weiter: »Der Fortbildungsbedarf war enorm, da die Bedeutung von Social-Media-Marketing sprunghaft zunahm.«

2014 wird mit Lilja Amélie ein weiteres Kind geboren – mitten in einer beruflich anstrengenden Zeit, in der Sarah Janine mit anspruchsvollen Aufträgen beschäftigt ist. »Knapp fünf Wochen nach der Geburt meiner Tochter habe ich ganztägige Kundenworkshops geleitet. Das habe ich durchgezogen und nichts dabei gefunden, aber später habe ich deutlich gemerkt, wie sehr eine solche Doppelbelastung an der Kondition zerrt.

Ohne Hilfe hätte ich es nicht geschafft.« Seit 2018 ist Sarah Janine als Geschäftsführerin der Flocke Kommunikation GmbH tätig. Neben Maßnahmen für die externe und interne Kommunikation mit zunehmender Nachfrage in den Bereichen Content-Management, Online-Marketing und Online-PR begleitet die Agentur Unternehmen in Digitalisierungsprozessen. »Die Frage, wie man die Menschen mitnehmen kann auf dem Weg in die Digitalisierung, steht hier im Mittelpunkt, denn die neu eingeführte Software kann noch so leistungsstark sein, sie bringt nichts, wenn der Mensch, der mit ihr arbeitet, keinen Nutzen darin erkennt oder sich gar von ihr bedroht fühlt«, erläutert die Agenturchefin, die aus diesem Grund noch eine Ausbildung als systemischer Coach mit dem Schwerpunkt »Change Management« absolviert hat. »Wir arbeiten prozessbegleitend, denn alte Methoden funktionieren nicht mehr. Die Selbstständigkeit und Verantwortung der Mitarbeiter wächst, und Leitende müssen Kontrolle abgeben. Authentizität ist daher gefragter denn je.«

Ausgleich findet Sarah Janine Flocke in der Malerei. Von ihrer modern eingerichteten Wohnung im großstädtischen Umfeld pendelt sie regelmäßig ins Sauerland, wo ihr Partner lebt. Gerne geht sie draußen im Wald spazieren und fährt Ski. »Beim Skifahren und Malen erreiche ich den gleichen Flow-Zustand, in den ich komme, wenn wir im Team ein richtig gutes Konzept entwickeln, die Ideen sprühen und am Ende klar ist: Ja, genau so sieht die passende Lösung aus.«

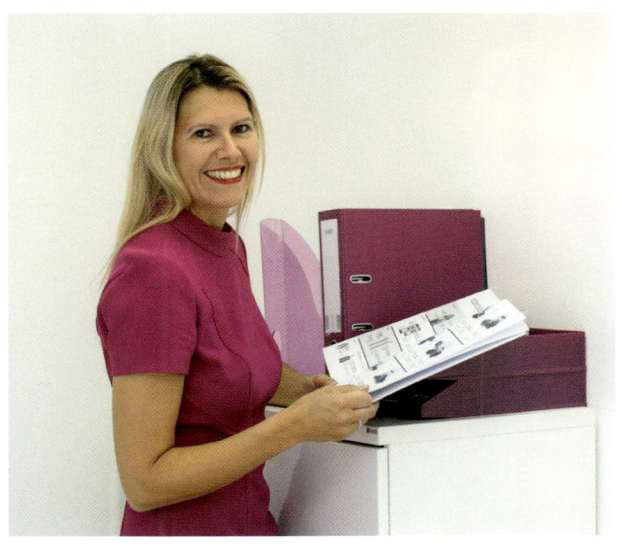

Theresia Fuchs
Empathische Führungspersönlichkeit und mutiges Vorbild

Theresia Fuchs wurde 1983 in Würzburg geboren. Nach dem Abitur 2002 und zwei Semestern Medizin an der Universität in Straßburg in Frankreich wechselte sie an die Fachhochschule für International Business nach Mainz. Während des Studiums jobbte sie bei der Lufthansa und absolvierte Praktika im Ausland, bis sie 2009 ihren Bachelor erwarb und eine Karriere bei der Deutschen Telekom begann. Nach einem Aufenthalt in Kuala Lumpur heiratete sie 2012 ihre Jugendliebe Hans, bekam ihr erstes Kind und immatrikulierte sich im Rahmen eines Telekom-Programms an der Open University in London. Es folgten eine Umsiedlung nach Kalifornien, die Geburt des zweiten Kindes und ein Fernstudium mit dem 2016 erlangten Abschluss als Master of Science in Technology Management. Als Vice President für IoT arbeitete sie bis Ende 2018 bei der Telekom und bekam ihr drittes Kind. Ab 2019 verabschiedete sie sich für ein Jahr aus dem Konzern, um sich ihrer Herzensangelegenheit, junge Frauen zu coachen und als Mentorin Mut zu machen, zu widmen. In einem Blog veranschaulicht sie seitdem das Thema »Vereinbarkeit von Beruf und Familie« und engagiert sich in verschiedenen Netzwerken. Ab Ende 2019 plant sie den Einstieg in ganz neue Herausforderungen im Gründungsumfeld, wobei Kinder und Karriere für sie keinen Widerspruch bedeuten

Die moderne Siedlung im Bonner Stadtteil Schweinheim ist das Zuhause vieler Familien. Für Theresia Fuchs ein ideales Umfeld – bewusst hat sie sich dafür entschieden, denn auch sie hat drei kleine Kinder. Eine straffe Organisation und der Einsatz von Babysittern, wie sie in der Nachbarschaft gut zu finden sind, bestimmen derzeit ihr Leben. In ihrer Karriereplanung agiert die junge Frau genauso unverzagt. Heiter und energiegeladen öffnet mir Theresia Fuchs die Tür und führt mich ein in ihr kunterbuntes Leben, wo Kinderspielzeug seinen Platz hat, aber auch der Laptop zur schnellen Kontrolle eingehender E-Mails.

Theresia Fuchs ist selbst das Kind junger Eltern. Die Mutter ist Medizinstudentin, der Vater Lehramtsstudent, als sie 1983 in Würzburg geboren wird. Als älteste von vier Schwestern trägt sie schon in jungen Jahren Verantwortung. »Unser Alltag war streng organisiert«, erinnert sie sich. Jedes der Geschwister hat eigene Aufgaben. »Ich als Älteste bügelte die Wäsche der Familie. Dafür bekam ich 10 DM die Stunde. Ich fand das cool – ich konnte die Arbeit beim Fernsehen erledigen und hatte auch noch etwas Geld in der Tasche.« Weitere Nebenjobs kommen dazu, »Zeitung austragen, mit 16 jeden Freitagnachmittag an der Supermarktkasse und kellnern. So habe ich Einblick in andere Gesellschaftsschichten bekommen und früh die Bedeutung von Service und Kundenbetreuung gelernt.« Nach dem Abitur entscheidet sie sich für ein Medizinstudium. Nur der Numerus Clausus reicht nicht ganz. »Mein Abi war nicht schlecht«, gibt sie lachend zu, »aber eben nicht gut genug.« Sie bleibt trotzdem beharrlich und versucht ihr Glück im französischen Straßburg, wo der NC keine Rolle spielt. Allerdings wird hier streng gesiebt. Nach einem Jahr verfehlt Theresia ihr Ziel knapp. Die erste große Niederlage in ihrem Leben. »Eigentlich meine Einzige«, blickt sie nachdenklich zurück. Sie entschließt sich umzusatteln und Internationale Wirtschaft zu studieren. »Ich hatte immer schon breit gestreute Interessen und Talente, war in Sprachen und Mathe gut und sehr kommunikativ.«

Sie schreibt sich an der Fachhochschule in Mainz für International Business ein und bekommt über Kontakte einen Nebenjob bei der Lufthansa in Frankfurt. »Im IT Supportcenter, dort, wo die Piloten und Crewmitglieder sich vor jedem Flug einfinden, um ihn vorzubereiten.« Der Job findet

am Wochenende oder in Schichten statt und lässt sich gut mit dem Studium vereinbaren. Von ihrer Kindheit geprägt, beschreibt sie sich selbst als belastbaren Typ. Die Arbeit bei der Lufthansa und das Studium begeistern sie. Als sie überraschend doch noch die Möglichkeit bekommt, weiter Medizin zu studieren, entscheidet sie sich dagegen. Ihren späteren Mann kennt sie da schon. »Wir gingen in Würzburg auf die gleiche Schule und kannten uns seit der 7. Klasse. Mit 17 waren wir ein Jahr lang sehr verliebt.« Danach trennten sich die Wege – aber nie ganz.

Ein Bachelorstudium in Mainz dauert drei Jahre. Nicht jedoch für Theresia. »Ich gab Gas und habe die Inhalte der ersten vier Semester in drei geschafft, denn ich wollte zwei Auslandssemester einbauen, ohne Verlust.« Das erste führt sie nach Nizza, wo sie dank ihrer perfekten Französisch-

kenntnisse schnell vorankommt. Danach folgt ein Praktikum bei der Lufthansa Cargo in Stockholm, wo sie Schwedisch lernt und in ihrer Bachelor-Thesis ein Modell zur Optimierung der Preisstrukturen entwickelt, was direkt übernommen wird. Inzwischen ist Theresia 25 Jahre alt und mit ihrer Jugendliebe Hans fest liiert.

Geplant ist nun, ein Masterstudium in Frankfurt anzuschließen und weiterhin als Werkstudentin bei der Lufthansa Cargo im Business Development zu arbeiten. Doch so geradlinig entwickelt sich Theresias Karriere nicht: »Im Rahmen eines Studentenprogramms wollte ich die Computermesse CeBIT besuchen und nahm dort an einem Student Round Table mit dem damaligen Personalvorstand der Deutschen Telekom, Thomas Sattelberger, teil. Er stellte sein internationales Management Trainee Programm für High Potentials

> **Abstriche im Perfektionismus muss man machen, wenn man Beruf und Kinder unter einen Hut bringen will.**
>
> Theresia Fuchs

vor – den Master könne man auch noch später über die Telekom machen. Ich war begeistert und habe mich beworben.« Unvergesslich für die junge Frau ist das erste telefonische Interview mit der Personalabteilung der Deutschen Telekom. »Ich konnte ja günstig fliegen und war zu dieser Zeit mit meinem späteren Mann in Florida unterwegs.« Schnell ist klar: Sie ist eine Runde weiter und muss zurück ins Assessment Center. »Hier wurde ich zwei Tage lang geprüft, als einzige Frau unter männlichen Konkurrenten.« Viele sind älter, zwei sogar schon promoviert. »Ich hatte wenig Ahnung von Telekommunikation und IT und habe es trotzdem geschafft«, erzählt sie stolz.

Theresia Fuchs steigt 2009 bei der Deutschen Telekom ein. Hier wird sie mit den anderen Teilnehmern als Elitenachwuchs behandelt. »Alle drei Monate durften wir in einen neuen, spannenden Bereich. Der Druck war immens hoch, denn man erwartete Ergebnisse von uns«, erzählt sie und erklärt, sie habe dadurch enorm viel für ihr späteres Berufsleben mitgenommen. »Netzwerken ist alles für einen Neueinsteiger. So habe ich gelernt, mich in allerkürzester Zeit in neue Themen einzuarbeiten und die richtigen Leute zu finden, die mir die nötigen Informationen liefern können.« Aus dieser Zeit stammen wichtige Kontakte, die als gute Freunde noch heute bestehen.

Der Bereich Geschäftskunden wird zu dem ihrigen. Dafür ist sie in München, Stuttgart und Wien, und in Bonn im Stab des Vorstands von T-Systems, einer hundertprozentigen Tochter der Deutschen Telekom. Sie lernt den Konzern von der Spitze aus kennen – nicht nur in Deutschland, sondern bald auch in Asien. Es ist die Zeit, in der komplette IT-Bereiche großer Unternehmen aus Kosten- und Effizienzgründen ausgelagert werden. »Solche Kunden betreuten wir, und ich fand mich für drei Monate in Kuala Lumpur wieder. Eine unsagbar

tolle Zeit mit einer Wohnung in einem Penthouse mit Pool und Blick auf die Skyline.« Alle Kollegen wohnen im gleichen Gebäude. »Work hard – play hard« ist das Motto. Der Abschied und die Rückkehr nach Köln kommen 2011, wo Hans mittlerweile als Assistenzarzt in einer großen Klinik arbeitet.

Als Bid Manager ist sie jetzt viel im europäischen Ausland unterwegs, wo sie große Outsourcing-Verträge für ihr Unternehmen gewinnt. Doch sie reizen die neuen, innovativen Themen. »Ich wollte am digitalen Wandel mitwirken und bin bei ›Connected Cars‹ eingestiegen.« Am Bonner Standort der Telekom wird sie für intelligente Autos im Vertrieb mitverantwortlich. Das ist 2012 und Theresia inzwischen verheiratet. »Dann bin ich schwanger geworden.« Wie es dem Vorgesetzten sagen, zudem Theresia noch das Masterprogramm im Unternehmen absolvieren möchte und ihr Mann einen Forschungsauftrag in San Diego angenommen hat? »Was viele meiner Freunde äußerst cool fanden, bedeutete für mich Jonglage und ungeheure Diplomatie!« Es gelingt ihr, sich bei der Open University in London einzuschreiben, eine Partneruniversität im Telekom Programm. »Hier konnte ich von Zuhause studieren und musste nur erscheinen, um die Prüfungen abzulegen.«

Nach insgesamt neun Monaten bei ›Connected Cars‹ siedelt sie mit Mann und sechs Wochen alter Tochter nach Kalifornien um. »Das Geld war knapp, denn das Studium musste zur Hälfte selbst bezahlt werden, Elterngeld gibt es nicht im Ausland.« Wieder gibt sie Gas und schafft den Stoff von drei Semestern in einem Jahr, auch dank der Unterstützung durch ihren Mann, der ihr in Zeiten der großen Hitzewelle sein gekühltes Labor als Rückzugsort anbietet und an vielen Nachmittagen die kleine Tochter abnimmt. In dieser herausfordernden Zeit plant das junge Paar die zweite Schwangerschaft. »Am Abend vor der Geburt

unseres Sohnes habe ich die letzte Hausarbeit für dieses Semester abgegeben«, erinnert sich Theresia. »Man muss sich organisieren, dann schafft man das«, erklärt sie und ergänzt: »Ich habe mir einen Tag pro Woche eine Nanny geleistet und acht Stunden durchgepowert.« Trotz Studium und Forschungsarbeit bleibt viel Zeit für die Familie – Frühstück am Strand, Surfen, Wohnmobiltrips in die Nationalparks. »Dadurch sind wir beide sehr eng mit den Kindern verbunden. Ich kann jedem empfehlen, es genauso zu machen!«

Im Oktober 2015 meldet sie sich bei der Telekom zurück. Die Klausuren sind alle eingereicht, es fehlt nur noch die Thesis. Wieder ist Organisationstalent gefragt, denn die junge Mutter mit zwei Kindern entscheidet sich für eine Vollzeitanstellung. »Auch wenn es mir anfangs schwer fiel: Ich habe gleich kommuniziert, dass ich um 16 Uhr das Büro verlassen muss. Dafür war ich pünktlich um 7:30 Uhr im Unternehmen, nachdem ich die Kinder in die Kita gebracht hatte.« Sie ist sich sicher, richtig entschieden zu haben und nutzt das volle Gehalt, um sich Hilfe im Haushalt zu holen. »Abstriche im Perfektionismus muss man machen«, schmunzelt sie und zeigt auf ihr gemütliches Wohnzimmer, in dem ruhig ein Buch oder Kinderspielzeug auf dem Tisch liegen darf, aber auch der Laptop in Reichweite bleibt. Ihr Credo: Immer voll bei der Sache sein. Dabei meint sie sowohl ihre Arbeit wie auch ihre Familie.

»Zuhause bin ich gezwungen, die berufliche Arbeit auszuschalten. Das fordern die Kinder und das bringt mich auch wunderbar runter. Und wenn dann einmal alle außer Haus sind, entspanne ich mich herrlich auf der Schaukel im Garten mit einem guten Podcast.« Sport und die private Zeit mit ihrem Mann werden genauso terminiert wie geschäftliche Termine. Nur die Pflege von Freundschaften komme manchmal zu kurz, bedauert sie.

Im Oktober 2016, mit abgeschlossenem Master of Science, überlegt Theresia Fuchs, nach sieben Jahren Telekom eine andere Richtung einzuschlagen. »Die Zeiten, in welchen man mit seinem Unternehmen ›verheiratet‹ ist, sind vorbei. Ich wollte etwas Neues kennenlernen.« Als sie jedoch das Angebot bekommt, Vice President zu werden und damit das ganze Channel Management für IoT (Internet of Things) aufzubauen und zu führen, reagiert sie begeistert. »Es ist ein enorm begehrter Job in einem tollen Wachstumsthema und ich sah es als Chance meines Lebens!« Mit Case Studies wird sie im Assessment gegrillt. Interview nach Interview soll zeigen, ob sie als Führungskraft geeignet ist. Die Durchfallquote ist 50 Prozent, doch wieder besteht sie alle Herausforderungen ohne Auflage. »Ja. ich wurde beneidet«, gibt sie zu. »Eine Frau in meinem Alter mit Familie in einer solchen Position?« Das kann sich kaum ein Kollege vorstellen, doch Theresia lacht: »Neid muss man sich erst einmal erarbeiten.« Sie ist stolz auf sich.

Genau in dieser Zeit meldet sich das dritte Kind an. Ein Jahr Auszeit will sich Theresia Fuchs nun gönnen. Wobei sie in gewohnter Weise bereits mehrere neue Projekte gestartet hat: Sie schreibt einen Blog und ist in Ausbildung zum systemischen Coach. »Mein Herzensanliegen ist es, junge, ambitionierte Frauen zu inspirieren und zu motivieren. Viele glauben nicht, dass sich Beruf und Familie unter einen Hut bringen lassen.« Wie dies gelingt, möchte sie vermitteln – und steht mit ihrem Leben als authentisches Beispiel dafür. Auch beruflich will sie den großen Schritt nun wagen: Heraus aus der Komfortzone des Großkonzerns und hinein in die Startup-Szene. »Ich genieße die neu gewonnene Freiheit in Elternzeit. Ich lese viel, inspiriere mich und bin kreativ wie lange nicht mehr. Meine Vision ist es, ein eigenes Unternehmen zu gründen. Und wenn nicht jetzt, wann dann?«

Elisabeth Futterlieb
Aufbruch ins Ich

Elisabeth Futterlieb wurde 1988 in Beienrode bei Braunschweig in ein gutbürgerliches Zuhause mit zwei älteren Brüdern geboren. Im Abiturjahr wechselte sie von der Waldorfschule ans staatliche Gymnasium und studierte anschließend Zahnmedizin an der Medizinischen Fakultät der Universität Göttingen. Nach Abschluss ihres Studiums arbeitete sie in einer Zahnarztpraxis in Düsseldorf und promovierte im Jahr 2017, bevor sie sich ab 2018 fast ausschließlich der Kunst widmete.

Eine fröhliche Frau mit blonden Haaren steht auf einer einfachen Holzterrasse, umgeben von asiatischen Kindern: Elisabeth Futterlieb, Dr. med. der Zahnmedizin, die sich eine Auszeit in Kambodscha verordnet hat. »Ich wollte mir selbst beweisen, dass ich als junge Frau ganz allein ohne Freunde weit weg reisen kann«, erzählt sie. »Als ich mit meinem Rucksack am Düsseldorfer Flughafen eincheckte, bekam ich dann doch etwas Angst«, gibt sie lachend zu. In diesem Moment weiß sie noch nicht, dass diese Reise zu einem Wendepunkt in ihrem Leben werden wird.

Beim Rundgang durch ihre Düsseldorfer Wohnung zeigt mir Dr. Elisabeth Futterlieb ein großes Aquarium mit exotischen bunten Fischen und lebenden Korallen. »Die Tiere im Wasser wirken auf mich so beruhigend«, sagt sie und wirkt dabei alles andere als hektisch. Im Gegenteil: Die junge Zahnärztin strahlt eine innere Ruhe aus, die beeindruckt. Das hat allerdings nicht nur mit dem Aquarium zu tun, sondern auch mit ihrer großen Leidenschaft, dem Malen. Seit kurzem, so erzählt sie, widmet sie sich ausschließlich der Kunst. Bilder von ihr hängen an allen Wänden – mal sind es Ansichten von Venedig, mal vom Winter in Paris. Doch am meisten faszinieren sie weibliche Gesichter. »Vergängliche Momentaufnahmen auf stabilem Hintergrund« nennt sie ihre gemalten Darstellungen. Nur wenige Striche vermögen eine Stimmung wiederzugeben; ihre Farben: meist Schwarz, Weiß und Rot, mit einem gelegentlichen Ausflug ins Bunte.

Ein Blick in die Vita der jungen Frau macht deutlich, dass sich ihr ungewöhnlicher Werdegang schon früh abgezeichnet hat. »Mein Vater arbeitete zwar in der Zahntechnik«, erzählt sie, doch habe dies keinen Einfluss auf ihr gewähltes Studium gehabt. »Zahnmedizin faszinierte mich genauso wie das Gestalten schon sehr früh«, erinnert sie sich an ihre Jugend nahe Braunschweig, »doch auch die Arbeit in sozialen Projekten hatte es mir angetan.« Ihre Schulzeit verbringt sie fast ausschließlich auf der Freien Waldorfschule in Braunschweig. Werken, Zeichnen, Plastizieren, Musizieren, Theaterspielen oder Tanzen sind hier feste Unterrichtsinhalte. Elisabeth entdeckt das Malen für sich. Ein weiterer Schwerpunkt der Waldorf-Philosophie liegt in der Stärkung von sozialen Kompetenzen. »Die Schule hat mir viel ermöglicht«, sagt sie über eine besondere Reise nach Brasilien. »Ein Jahr vor unserem Abitur fuhren wir als Klasse dorthin, um eine Schule mit aufzubauen und einzurichten. Ein unvergesslicher Monat für alle in meiner Gruppe.« Dass sie sich trotz Widerständen seitens der Schule entschließt, diese im Abiturjahr zu verlassen, um ein staatliches Gymnasium zu besuchen, hat gute Gründe. »Ich fürchtete, dass ich auf der Waldorfschule das neu eingeführte Zentralabitur nicht mit einem Einser-Durchschnitt für Zahnmedizin schaffe.« Tatsächlich muss Elisabeth am Gymnasium eine Klasse wiederholen, macht dann jedoch ein derart gutes Abitur, dass sie 2009 sofort einen der begehrten Studienplätze an der Universität Göttingen erhält. Sie sucht sich ein winziges Apartment und studiert mit großem Engagement.

»Während meiner Doktorarbeit der klinischen Neurophysiologie kam ich mit der Hereditären motorisch-sensiblen Neuropathie, auch CMT genannt, in Berührung.« Die Forschung an dieser chronischen Nervenkrankheit fasziniert sie so sehr, dass sie zu diesem Thema promoviert und in Bad Karlshafen Rehamaßnahmen mit aufbaut. »Das Forschen, aber auch das Schreiben haben mich in dieser Zeit sehr erfüllt«, erklärt Dr. Elisabeth Futterlieb ein Motto, das sie seitdem begleitet. » ›Wer schreibt, der bleibt‹ mag zwar abgedroschen klingen, doch ist die Kombination von Schreiben und künstlerischem Darstellen für mich inzwischen wie ein Leitfaden geworden.«

Wir sitzen auf dem Sofa in ihrem Wohnzimmer, welches in den ersten Monaten auch als Atelier fungiert. Unter dem Fenster steht ein Tisch, darauf Gefäße mit Pinseln, einige Farbtöpfe und ein verschlossener Behälter mit Kleister, wie er zum Tapezieren gebraucht wird. »Gemalt habe ich immer – auch während meiner anstrengenden Studienzeit«, deutet sie auf die Gerätschaften. »Am liebsten dann, wenn keine Kurse oder Prüfungen anstanden, und natürlich während der Semesterferien.« Diese Momente nutzt sie, um nach Niedersachsen zu ihren Eltern zu fahren. »Dort habe

ich wie besessen gemalt, den ganzen Tag und die halbe Nacht, und das so oft ich konnte! Ich habe mich bei diesen Besuchen zuhause mit meiner Malerei regelrecht austoben können«, erklärt sie. »Anfangs«, führt sie aus, »habe ich große Künstler kopiert.« Franz Marc habe sie besonders beeinflusst. Für eine richtige Ausbildung an einer Kunstakademie fehlt ihr die Zeit, daher bringt sie sich selbst Perspektive und Technik bei und belegt gelegentlich bei einer Künstlerin Kurse. Beruflich entscheidet sie sich weder für die eine oder andere Richtung ausschließlich. »In meiner Brust schlagen zwei Herzen, die beide befriedigt werden müssen – die der Kunst und die der Medizin.« Obwohl Elisabeth Futterlieb nach elf Semestern ihr Zahnmedizin-Studium Ende 2014 erfolgreich abschließt, wird es noch bis 2017 dauern, bis sie ihren Doktortitel erhält. Zu diesem Zeitpunkt arbeitet sie schon länger mit ihrem Lebensgefährten in einer Zahnarztpraxis in Düsseldorf-Benrath.

Die junge Künstlerin erhebt sich vom Sofa und holt eines von mehreren an die Wand gelehnten Bildern. »Ich habe eine neue Technik entwickelt«, sagt sie. »Schon längst kopiere ich keine Kunst mehr, sondern finde Vorlagen für meine Bilder

in Form von Fotomotiven, die ich unter anderem selbst mit meiner Spiegelreflexkamera aufgenommen habe.« Großformatige Leinwände kleistert sie ein und bedeckt sie flächig mit aus alten Bänden von Franz Kafka entnommenen Buchseiten, eine subtile Verbindung zum Schreiben. Erst nachdem diese Blätter vollständig getrocknet sind und eine stabile Fläche bilden, bemalt sie diese – vornehmlich mit ausdrucksstarken Frauengesichtern.

»Dieses Bild heißt Facility«, sagt sie und zeigt auf einen Kopf, der mit nur wenigen Strichen Leidenschaft und Fluktuation in einem darstellt. »Facility symbolisiert Leichtigkeit«, erklärt sie. Wie ein Hauch einer leichten Brise vereinen sich ein schwungvoller Bogen und ein schwarzer Pinselstrich zu einem Gesicht, in das der Betrachter viele Emotionen zu legen vermag. Nachdenklich stellt sie das gezeigte Porträt wieder an die Wand und fährt fort in ihrer Erzählung. »Im November 2018 war die Zeit reif für etwas Neues.« Lange habe sie mit sich gehadert, dann der Entschluss: Mit 30 Jahren will sie es sich beweisen – ein Aufbruch ins Unbekannte, allein und ohne Sicherheitsnetz von Partner oder Freunden. »Eine Reise ins Ich, als Beweis, dass ich alles schaffen kann, was ich mir vornehme.« Als sie den Rucksack im Overhead Compartment des Fliegers verstaut, kommen ihr leichte Anflüge von Panik, doch auch die werden überwunden; das Abenteuer kann beginnen.

Kambodscha lautet ihr Ziel, wo sie das zahnärztliche Hilfsprojekt des Hamburger Zahnarztes Dr. Ulf Zuschlag und seines Vereins Mini Molars Cambodia e. V. unterstützen möchte. »Unter anderem arbeiteten wir in einem ehemaligen Lager, wo HIV-Kranke untergebracht worden waren«, erinnert sich Elisabeth an einen besonders bedrückenden Moment. HIV-Kranke seien dort zwar keine mehr interniert gewesen, die Stimmung habe sie trotzdem zunächst als sehr beklemmend empfunden. »Das habe ich aber schnell vergessen«, sagt sie lächelnd und schiebt negative Gefühle weit von sich. Zu anstrengend sei die Arbeit gewesen. »Wie am Fließband haben wir im kleinen Team Kinder aus armen Familien und auch Straßenkinder behandelt und Zähne gezogen.« Durch stark zuckerhaltige Ernährung und mangelnde Hygiene sei der Zustand der Zähne dieser Kinder sehr schlecht. Doch die anstrengende Arbeit bereichert und erfüllt die junge Ärztin und gibt ihr ein tiefes Gefühl von Zufriedenheit.

Die Eindrücke sind so vielfältig wie widersprüchlich. »Unser Leben bei den Mönchen der Angk Portinhean Pagode hat mich sehr positiv beeinflusst«, erzählt sie, »während der Besuch auf einem der vielen ›Killing Fields‹, wo von 1975 bis 1979 die Opfer der Massenmorde der Roten Khmer einfach verscharrt wurden, sehr traurig war.« Verzaubert habe sie das Lächeln der dankbaren Kinder und ihrer Angehörigen. »Auch wenn die Behand-

> ❞ Malerei ist Ankommen
> an einem anderen Ort. ❝
>
> Franz Marc

lungen oft auf Gartenstühlen und ohne Betäubung durchgeführt wurden, kann ich jedem Zahnarzt nur empfehlen, hier eine Zeitlang mitzuhelfen«, sagt sie. Sie selbst hat diese Erfahrung gestärkt und innerlich verändert. Vier Wochen später und mit unvergesslichen Erlebnissen im Gepäck kehrt sie zurück in die Heimat.

»Jetzt weiß ich, dass ich alles schaffen kann, was ich mir vornehme«, hat Dr. Elisabeth Futterlieb als innere Überzeugung gewonnen. Nach sieben Jahren medizinischer Arbeit nimmt sie sich vor, nun hauptsächlich zu malen. Weiterhin besucht sie Fortbildungen in der Zahnmedizin und arbeitet gelegentlich in der Praxis ihres Lebensgefährten, um ihre Kenntnisse immer auf dem neuesten Stand zu halten. »Ich habe ja gesagt, ich hätte zwei Herzen in meiner Brust«, lacht sie und wirkt dabei gar nicht zerrissen. »Meine Reise hat mir die Stärke gegeben, mein Leben neu zu gestalten«, beteuert sie und kommt zurück auf diesen für sie so wichtigen Wendepunkt im Leben. »Ich plane jetzt verschiedene Ausstellungen und bin manchmal von meinem unerwartet schnellen Erfolg überwältigt.« Dankbar dafür ist sie allemal und sich bewusst, dass nur harte Arbeit zum Ziel führen kann. »Stoisch wie die Mönche verfolge ich meine Leidenschaft«, sagt sie geheimnisvoll. Ihre Farben sind jetzt viel bunter und kräftiger. Ich bin mir sicher, wir werden noch viel von dieser jungen Künstlerin hören.

Mariele Hense-Halbe

Sammlerin, Schriftstellerin, Netzwerkerin

Mariele Hense wurde 1959 als älteste von drei Schwestern in Meschede im Hochsauerlandkreis geboren. Ihr Vater war Bundesbahnoberamtmann, ihre Mutter Hausfrau. Nach ihrem Abitur 1979 studierte sie Katholische Theologie und Germanistik an der Westfälischen Wilhelms-Universität in Münster und legte 1986 ihr Erstes Staatsexamen für das Lehramt »Sekundarstufe II« ab. Nach ihrer Eheschließung 1987 mit Prof. Dr. Bernd Halbe und einer zweijährigen Referendarzeit an einem Kölner Gymnasium legte Mariele Hense-Halbe 1991 ihre Zweite Staatsprüfung für das Lehramt für die Sekundarstufen I und II ab. 1992 wurde ihr die Missio Canonica verliehen. Bis 2000 arbeitete sie als Studienrätin. 2003 stieg sie in das strategische Management in der von ihrem Mann in Köln gegründeten Kanzlei »Dr. Halbe Rechtsanwälte – Wirtschaftsrecht im Gesundheitswesen/Medizinrecht« ein und initiierte mit ihm die Netzwerkveranstaltungsreihe »Medizin trifft Kunst.« Seit 2019 engagiert sie sich für karitative Zwecke. Hierzu lädt sie zusammen mit zwei Freundinnen zum Ladies Dinner. Mariele Hense-Halbe lebt mit ihrem Mann und ihren beiden Kindern in Köln.

Eine Gruppe kunstaffiner Gäste schart sich um einen Lastenaufzug in der Kölner Innenstadt.
Alle folgen der Einladung von Mariele Hense-Halbe, die seit Jahren prominente Persönlichkeiten
aus Gesellschaft und Wirtschaft in die Ateliers zeitgenössischer Künstler bittet. Heute ist der für
seine Müllmänner bekannte Künstler HA. Schult dran. Nur der Aufzug lässt auf sich warten.
Von irgendwo her trällert eine Frau Opernarien, die jedoch kaum die ungeduldige Menge zu
besänftigen vermögen. »Mein Handy klingelte unentwegt« , erinnert sich die sympathische Frau
mit den halblangen blonden Haaren. »Den Aufzug konnte aber nur eine Freundin von HA. Schult
bedienen. Sie war die Opernsängerin und widmete sich lieber ihren Arien.« Heute lacht sie darüber
und verweist auf den anschließenden wundervollen Abend.

G geboren 1959 in Meschede im Sauerland, besucht die älteste von drei Töchtern das staatliche Mädchengymnasium, wo sie 1979 ohne viel Ehrgeiz das Abitur hinlegt. »Da hatte ich schon meinen späteren Mann kennengelernt«, erzählt sie, »mit 17 in der Fahrschule.« Bernd ist gleich alt und möchte in Münster studieren. »Ich wollte auf jeden Fall mit.« Ohne Zulassung marschiert sie mit ihrem Vater an der langen Schlange der Wartenden vorbei bis ins Sekretariat der Universität. »Außer Theologie und Deutsch waren fast alle Fächer mit Numerus Clausus belegt«, weist sie auf ihre Möglichkeiten hin. »Die schaffst Du schon«, sagt der Vater und so lässt sie sich flugs einschreiben. Eine halbe Stunde später hat er auch eine Wohnung gefunden: Ein »Zimmer für anständige Mädchen zur Untermiete« wird in der Kirchenzeitung annonciert. Das passt, meint der Vater. »So war ich in eineinhalb Stunden immatrikuliert, hatte meine Unterkunft und legte los.« Wie von den Eltern erwartet, schafft sie das Studium in der Regelzeit mit einem sehr guten Examen. Das junge Paar genießt eine unbeschwerte Zeit in der Studentenstadt mit den vielen Galerien. Anders als ihre Kommilitonen legen beide ihr Erspartes gern in Kunst oder ungewöhnliche Möbel an. »Mich zieht das an, was nicht ›run of the mill‹ ist«, erklärt Mariele und zeigt auf die vielen Kunstgegenstände, mit denen sie und ihr Mann sich heute zuhause umgeben. Auch aus der Studentenzeit erworbene Kunst befindet sich in ihrer Sammlung, in der sogar jeder Stuhl mit Bedacht ausgesucht ist und jedes Objekt eine eigene Geschichte hat. Farbenfroh präsentiert sich das Interieur des Kölner Hauses, farbenfroh auch die Kleidung von Mariele. »Ich habe nicht nur Wert auf Unikate in der Kunst gelegt«, lächelt sie. Schon in Münster kauft sie Designermode von Siggi Spiegelburg. »Was andere vielleicht nur zu besonderen Anlässen getragen hätten, habe ich gleich angezogen«, erklärt sie spontan. Ist das magere Studentenbudget aufgebraucht, strickt sie sich selbst Pullover, Kopien der teuren Schaufensterauslagen. Später wird sie in der Schule durch ihr modisches Auftreten das Prädikat »stylischste Lehrerin der Schule« erhalten, auch wegen der hochwertigen Blazer aus der Hand der Münsteraner

Suscha Korte

Designerin. Bereits nach Abschluss ihres Ersten Staatsexamens beginnt Mariele Hense 1986 an einer Doktorarbeit zum Thema »Unauflöslichkeit der Ehe« zu arbeiten. Völlig unerwartet muss ihr Doktorvater bald darauf die Fakultät verlassen und die angehende Doktorandin sich mit einem neuen Thema befassen. Der Umzug 1989 nach Köln macht ihr die Arbeit daran nicht leichter. »Wir hatten 1987 geheiratet«, erzählt sie, »und mein Mann bekam hier in einer angesehenen Kanzlei eine erste Anstellung.« Sie arbeitet inzwischen als Studienreferendarin am Georg-Büchner-Gymnasium in Köln-Weiden. 1991 absolviert Mariele Hense-Halbe ihre Zweite Staatsprüfung für das Lehramt für die Sekundarstufen I und II. 1992 wird ihr zudem vom damaligen Erzbischof Joachim Kardinal Meissner in einer feierlichen Zeremonie im Kölner Dom die Missio Canonica verliehen. Damit erhält sie die Lehrerlaubnis für den katholischen Religionsunterricht an Schulen in der Erzdiözese Köln, den sie zusammen mit dem Fach Deutsch am Georg-Büchner-Gymnasium unterrichtet. Als 1995 der gemeinsame Sohn Philipp Alexander geboren wird, beginnt eine Zeit der organisatorischen Herausforderung. »Mein Mann kam oft sehr spät nach Hause«, erzählt die damalige Lehrerin. »Meine Eltern lebten nicht in der Nähe und Kitas gab es damals auch nicht viele.« Mit etwas Glück gelingt es der jungen Mutter jedoch, eine warmherzige Kinderfrau zu finden, die ihr noch lange treu zur Seite stehen wird. Drei Jahre unterrichtet Mariele Hense-Halbe am Gymnasium in Köln, bevor sie nach Erkelenz in die dortige Höhere Handelsschule versetzt wird. Die junge Studienrätin vermag es, ihre Schüler zu inspirieren. Diskussionskultur sei ihr damals genauso wichtig gewesen wie das Nahebringen des jeweiligen Stoffs – sowohl im Gymnasium wie auf der ländlichen Schule. »Ich habe im Religionsunterricht viele brisante Themen angesprochen, mit denen sich die Schüler tagtäglich konfrontiert sahen.« Werte wie Respekt und Miteinander vermittelt sie praxisnah.

2000 wird die gemeinsame Tochter Patricia Victoria Paulina geboren. »Meine Kinderfrau wurde damals krank und ich entschloss mich, erst einmal zuhause zu bleiben und die Zeit mit meinen Kindern zu genießen.« Bis Patricia im nahegelegenen Kindergarten unterkommt, vergehen drei Jahre, die sie auch dazu nutzt, um einer weiteren Leidenschaft nachzugehen. »Ich habe eine ganz wunderbare Verwandtschaft«, lacht sie, »manche sind skurril, andere haben spannende Lebensgeschichten.« Unter einem Pseudonym veröffentlicht sie drei Romane »rund ums Leben«, die, wie sie sagt, alle auf wahren Begebenheiten basieren, mit Fortsetzung in Planung. Auch die Idee zur Ver-

bindung von Kunst und Medizin sei in dieser Phase entstanden.

2003 steigt sie mit einem ungewöhnlichen Posten in die Kanzlei ihres Mannes ein. »Ich kümmere mich ums strategische Management, um Mandantenbindung und Mandantengewinnung«, erklärt sie diesen Schritt und erläutert: »Wir möchten unseren Klienten, aber auch unseren Freunden die Arbeit unserer Juristen auf unkomplizierte Art und Weise nahebringen.« Wie besser als mit Kunst?, überlegt das Ehepaar. »Kunst ist ein sehr verbindendes Element«, sagt sie. »Mit unserem Event ›Medizin trifft Kunst‹ versammeln wir nicht nur Mediziner, Apotheker, Geschäftsführer von Krankenhäusern und Künstler, sondern inzwischen viele weitere Interessenten aus unseren Netzwerken.« Das spannende Konzept werde möglicherweise bald auch auf Berlin ausgedehnt, erzählt Mariele Hense-Halbe und freut sich, dass ihre beiden Kinder auch Spaß haben, daran teilzunehmen. Jeder Künstler biete Unvergessliches, wie etwa Jürgen Kuhl aus Bickendorf. »Der als Dollar-Fälscher berühmt gewordene Künstler hat ein sehr kleines Atelier und davor nur einen großen, nackten Parkplatz.« Ungläubig habe Tochter Patricia den Kopf geschüttelt, als ihre Mutter vom Vorhaben berichtete, 100 Gäste dorthin einzuladen. Doch Mariele ist kreativ und verwandelt den un-

scheinbaren Platz in eine Wagenburg-Landschaft mit Streetfood-Angeboten. »Ein Glück, dass es nicht geregnet hat«, lächelt sie. »Wir hätten niemals alle ins Atelier gepasst.« Während sie diese und andere Geschichten erzählt, führt sie durch die Räume ihres Privathauses und zeigt begeistert auf das eine oder andere Stück. »Mein Favorit ist von Peter Anton«, erklärt sie und deutet auf die Skulptur mit dem Namen »Lovely Selection«, die an eine Mischung delikater Pralinen erinnert. Doch am wichtigsten ist ihr ein Gemälde von Suscha Korte, auf dem in pinkfarbenen Lettern zu lesen steht: »Wer Kunst sammelt, kommt in den Himmel.«; auch dieses Werk hat sie nach einem Besuch bei der Künstlerin erworben. »Passender könnte ich es selbst nicht ausdrücken«, meint Mariele, die schon ein neues Eventkonzept plant. »Da ich im Leben sehr viel Glück hatte«, sagt sie, »möchte ich mich jetzt stärker sozial engagieren.« Mit zwei Freundinnen wird sie zweimal jährlich zum Ladies Dinner einladen. »Der Erlös wird verschiedenen karitativen Zwecken zugeführt.« Wer Mariele Hense-Halbe kennt oder ihre Aktivitäten in der Presse verfolgt, wird wissen, dass sie mit diesem Konzept auf genauso viele Besucher hoffen kann wie bei »Medizin trifft Kunst«.

Claudia Hessel
Yes we Cancan in Köln

Claudia Hessel wurde 1966 in Köln geboren. Nach ihrem Abitur studierte sie zunächst Archäologie und Geschichte an der Universität zu Köln, arbeitete als freie Mitarbeiterin beim WDR und volontierte später in der Nachrichtenredaktion von RTL . Von 1989 bis 2012 moderierte sie verschiedene Formate und Sendungen bei RTL und RTL WEST und ist seit 2012 Chef-Moderatorin bei RTL WEST. Hier bildet sie zusätzlich den Moderatorennachwuchs aus. Als Journalistin und Autorin verfasste Claudia Hessel u. a. ein Buch über die Amtszeit eines Kölner Oberbürgermeisters. Weiterhin schreibt sie Artikel und Beiträge für verschiedene Magazine und Publikationen. Seit 2015 ist sie Gründungsmitglied und Vorstand der Kölner Offenbach-Gesellschaft und leitet die Koordination für das Offenbach-Jahr 2019. Ehrenamtlich engagierte sie sich lange Zeit zugunsten der Kinderkrebsforschung und unterstützt Initiativen gegen Brustkrebs. Seit 2018 ist Claudia Hessel im Vorstand des Kölner Presseclubs. Sie ist verheiratet und lebt mit den zwei jüngeren ihrer drei Söhne in der Nähe von Köln.

> **"** Netzwerken lohnt sich, wenn man sich weiterentwickeln will. **"**
>
> Claudia Hessel

»Wo, wenn nicht auf der Bühne, dürfen Frauen das machen, was ihnen gefällt?«, fragt Claudia Hessel, Autorin, Journalistin und Chef-Moderatorin bei RTL WEST. In diesem Punkt habe die oft als leichte Muse belächelte Operette einiges der ernsten Oper voraus, weil es in vielen ihrer Werke emanzipierte Frauen gebe, die auf gesellschaftliche Konventionen pfeifen. »Bei Jacques Offenbach bekommen die Frauen nicht nur tragende Rollen, sondern auch Freiheiten und Freiräume, von denen die Damen im realen Leben aus gesellschaftspolitischen Gründen nur träumen konnten«, erklärt sie. Das Gründungsmitglied der Kölner Offenbach-Gesellschaft begeistert sich für den deutsch-französischen Komponisten – nicht nur, weil er eigentlich »ne Kölsche Jung« war.

Geboren 1966 am Karnevalsdienstag in der Kölner Südstadt, wächst Claudia Hessel später rechtsrheinisch in Köln-Porz auf und wechselt nach ihrem Abitur zum Studium wieder auf die linksrheinische Seite. »Wer geborener Kölner ist, weiß, was das heißt«, lacht die schlanke Frau und erklärt für alle anderen: »Porz liegt auf der sogenannten Schäl Sick, hergeleitet aus ›schlechte‹ oder ›falsche‹ Rheinseite, mit einem historischen Hintergrund. Als Köln vor knapp 2000 Jahren von den Römern linksrheinisch gegründet wurde, bildete der Rhein eine natürliche Grenze zu den wilden Germanen rechtsrheinisch. So gilt linksrheinisch bis heute immer als etwas feiner als die gegenüberliegende Rheinseite – was natürlich zur Kölner Legendenbildung zählt, genauso wie die immerwährende Kabbelei zwischen Köln und Düsseldorf.« Noch während des Studiums der Archäologie und Geschichte arbeitet sie als freie Mitarbeiterin beim WDR und wechselt 1989 als Moderatorin zu RTL plus. »Das war schon harte Arbeit an mir selbst.« Nachdenklich wischt sie sich eine lange dunkle Strähne aus dem Gesicht und nimmt ihre Teetasse in die Hand. »Schließlich habe ich alles von der Pike auf lernen müssen« – und meint damit das Schreiben, Texten, Drehen und Schneiden, das Sprechen und Moderieren. Besonders in Erinnerung: ihr erstes Casting im Jahr 1989 für die RTL Sendung »Gewusst wie«. »Das habe ich ordentlich vergeigt und bin trotzdem genommen worden!«, erzählt sie schmunzelnd. »Wir waren damals 30 Bewerberinnen und Bewerber – davon die meisten professionelle Moderatoren und Schauspieler.« Jeder habe denselben Text bekommen, um ihn vor der Jury vorzutragen. »Ich war die letzte und hatte plötzlich einen totalen Blackout. Mir blieb nichts anderes übrig als zu improvisieren. Durch meine Authentizität im Casting habe ich die Jury überzeugt und damit tatsächlich den Job bekommen«, erklärt sie. Mittlerweile hat sich Claudia Hessel längst einen Namen als Moderatorin gemacht. Nach dem Umzug von RTL plus nach Köln zählt sie zum Team der RTL-Programmansager und wechselt Anfang der 90er Jahre in die Wettermoderation. Nach einem anschließenden Nachrichten-Volontariat kommt sie 1996 über die »News am Morgen« schließlich zum Einsatz als Anchor-Moderatorin beim RTL Regionalprogramm »West live«. Seit 2012 arbeitet sie als Chef-Moderatorin bei RTL WEST und kümmert sich dort auch um die Ausbildung und Förderung von Moderatorennachwuchs.

Beruf, Kinder, Familie – was für viele nach einem voll ausgelasteten Arbeitstag klingt, ist für Claudia Hessel heute nur ein Teil ihrer vielen Tätigkeiten. Mit Leidenschaft und Know-how engagiert sie sich für den guten Zweck. So war sie fast zehn Jahre als Patin für eine Charity-Veranstaltung zugunsten der Kinderkrebsforschung tätig. Zur Zeit setzt sie sich im Kampf gegen Brustkrebs bei Frauen ein und gehört zum Vorstand des Kölner Presseclubs. Zu ihrem neuen kulturellen Engagement, erklärt die Medienfrau: »Ich bin in der fünften Jahreszeit, am Karnevalsdienstag, geboren.« Als Vollblutkölnerin und Gründungsmitglied der Kölner Offenbach-Gesellschaft sei es daher für sie Ehrensache, das 200. Jubiläum des in Köln geborenen Komponisten zu organisieren. Ihr Lieblingsthema ist neben der Musik von Jacques Offenbach vor allem die Rolle der Frau auf der Bühne damals und heute. »Da gibt es aktuell noch einigen Verbesserungsbedarf, was Bezahlung, Anerkennung und Wertschätzung angeht, und das muss auch weiter öffentlich diskutiert werden – nicht nur in einem Jubiläumsjahr«, konstatiert sie.

Neben ihrer Arbeit als Chef-Moderatorin bei RTL WEST arbeitet Claudia Hessel als Journalistin und Autorin. »Ich verfasse Texte für Magazine, entwickle Kampagnen und Konzepte für Projekte wie das Offenbach-Jahr, schreibe Reden und Publikationen«, erklärt sie und zeigt beispielhaft auf ein Buch über die Amtszeit des ehemaligen Oberbürgermeisters von Köln, Jürgen Roters. »Es gab in Köln vorher nie ein Buch über die Projekte, die ein OB in seiner Stadt übernommen, durchgeführt und dann an den Nachfolger übergeben hat.«

In ihrer Rolle als Mentorin für den Moderatorennachwuchs trägt sie eine besonders große Verantwortung. »Ich erkenne Talente«, sagt sie und führt bekannte TV-Persönlichkeiten auf, die sie gefördert hat. »Mein Training ist sehr intensiv, danach lasse ich aber los.« Wichtig sei es, den eigenen Stil zu entwickeln. Ihre Tipps dienen als Fundament für den eigenen Erfolg der jungen Nachwuchskräfte.

Klarheit in der Kommunikation sei ausschlaggebend, betont sie immer wieder, ob in der Darstellung der eigenen Person oder im Vermitteln einer Botschaft. Das erfordere Mut und oft auch den Rat von Mentoren und Coaches. »Schließlich geht es darum, die eigene Chance zu ergreifen.« Wenn schnelle Erfolge sichtbar sein sollen, helfen Körpersprache und ein sicheres Auftreten enorm.

Und: Netzwerken auf breiter Basis sei wichtig, gerade für Frauen: »Netzwerken bedeutet zwar Arbeit, und die Kontaktpflege nimmt viel Zeit in Anspruch. Doch es lohnt sich, wenn man sich weiterentwickeln will.« Claudia Hessel selbst kann auf ein großes Netzwerk zurückgreifen und besucht oft interessante Veranstaltungen, um ihre Kontakte zu pflegen und weiter auszubauen.

Ihren mehr als vollen Arbeitsalltag beschließt Claudia Hessel gern mit einem kleinen Ritual. »Als letztes am Abend schreibe ich mir eine kleine To-do-Liste für den nächsten Tag«, verrät sie, »die mir selbst verdeutlicht: Morgen geht es weiter, für heute aber ist erstmal Schluss.« Denn erholsamer Schlaf sei bei diesem Arbeitspensum das A und O – sonst mache es keinen Spaß mehr.

Monika Huppertz
Annette Kapeller
Gute Ausbildung ist die beste Basis

Monika Huppertz wurde 1967 als jüngere von zwei Schwestern in Wuppertal geboren. Nach dem Abitur absolvierte sie in einer kleinen Kanzlei eine Ausbildung als Patentanwaltsfachangestellte. Von dort wechselte sie zu einem großen Düsseldorfer Unternehmen und später als Büroleiterin in eine Großkanzlei. Nach ihrer Heirat und vor der Geburt zweier Söhne begann sie freiberuflich für ein Weiterbildungsinstitut in Heidelberg zu arbeiten und gab in dessen Auftrag Seminare zu Themen des gewerblichen Rechtsschutzes. Für die Organisation ihrer Veranstaltungen wurde Annette Kapeller zuständig. Die 1970 im Odenwald geborene Bereichsleiterin des Instituts hatte zunächst die Realschule besucht und nach dem Abschluss der Mittleren Reife eine Ausbildung zur Arzthelferin abgeschlossen. Annette Kapeller absolvierte später neben ihrem Beruf eine Arztsekretärinnen-Schule in Mannheim. 1992 wurde sie Assistentin des Hauptgeschäftsführers bei einem Heidelberger Weiterbildungsinstitut. Im Jahr 2010 gründeten Monika Huppertz und Annette Kapeller die IP for IP – Intellecutal Property for Intellectual People GmbH, die sich auf Weiterbildung rund um den gewerblichen Rechtsschutz spezialisiert hat.

In einem ruhigen Wohngebiet im Norden Wuppertals, wo im Sommer Kinder in den Gärten spielen und sich die Nachbarn abends beim Grillen treffen, wurde an einem schönen Septembertag im Jahr 2010 die Idee geboren, ein neues Weiterbildungsinstitut zu gründen. Monika Huppertz hatte Annette Kapeller zu sich nach Hause eingeladen, weil sie zu zweit viel in ihrem eigenen Sinne bewegen wollten. Im Schatten eines Sonnenschirms breiteten sie ihre Pläne und Notizen aus, entwickelten Konzepte und diskutierten, wie sie ihre Idee einer persönlicheren Betreuung ihrer Klientel am besten umsetzen könnten. Am Ende des Tages öffneten die beiden Frauen eine Flasche Sekt und stießen an: Der Grundstein für ihre Firma IP for IP – Intellectual Property for Intellectual People GmbH war gelegt.

An gleicher Stelle sitzen wir neun Jahre später um den Gartentisch bei kühlen Getränken, und die beiden Geschäftsführerinnen berichten von ihrem Werdegang. Als Tochter eines selbstständigen Vaters, der eine kleine Dreherei betreibt, und ihrer Mutter, die Hausfrau ist, erlebt Monika Huppertz ihre Kindheit im Elternhaus harmonisch. »Zwar fuhren wir nie länger als eine Woche in Urlaub, hatten aber ein eigenes Haus mit Garten, und unser Vater kam jeden Mittag zu Tisch«, beschreibt sie diese Zeit. Nach der Grundschule besucht sie das Carl-Duisberg-Gymnasium und kommt dort zu aus eigener Sicht durchschnittlichen Leistungen. »Mit einem Dreier-Schnitt habe ich schließlich Abitur gemacht«, erklärt sie freimütig und definiert ihre damaligen Ziele – entweder Lehrerin oder eine Ausbildung im Büro. Doch in ihrem Jahrgang gibt es viele, die solche Wünsche haben. Entsprechend schlecht sind ihre Chancen. »Durch Zufall kam ich schließlich zu einem Ausbildungsberuf, den die wenigsten kannten.« Eine Freundin hat ihr den Tipp gegeben, dass eine kleine Kanzlei in Wuppertal eine Auszubildende zur Patentanwaltsfachangestellten sucht. Die Ausbildung in der Kanzel dauert damals zwei Jahre, doch an der Berufsschule in Wuppertal wird keine Fachkunde unterrichtet. »Ich musste mir alles selbst beibringen«, erinnert Monika Huppertz, die ihre Abschlussprüfung in Düsseldorf dennoch mit einem guten Ergebnis besteht. »Nun war ich heiß begehrt, denn in diesem Beruf gibt es bis heute zu wenig Nachwuchs.«

Um ihre Expertise auszubauen, wechselt Monika Huppertz zu einem großen Düsseldorfer Industrieunternehmen in die Patentabteilung. Als nach einigen Jahren der Bereich aufgelöst wird, geht sie als Büroleiterin zu einer großen Kanzlei. Die Erfahrungen während der eigenen Ausbildung kombiniert sie in dieser Zeit mit dem Wunsch zu unterrichten und beginnt im Alter von 25 Jahren, Fachkundeunterricht zu geben. »Ich konnte mich gut hineinversetzen in das, was die Leute nicht wissen«, sagt sie. Das Vermitteln des Grundlagenwissens macht ihr Freude, und die Erwachsenenbildung entdeckt sie als ihre Leidenschaft. Derweil hat Monika Huppertz eine eigene Wohnung bezogen und lebt zusammen mit Freund Ingo, den sie 1996 heiratet. Als 1998 und 2001 die Söhne geboren werden, kann sie von zuhause aus weiterarbeiten. Da auch ihr Mann im Homeoffice arbeitet, teilen sie sich die Kinderbetreuung.

Zwischenzeitlich ist ein Weiterbildungsinstitut in Heidelberg auf Monika Huppertz aufmerksam geworden und engagiert sie für einen Vortrag. Als sie vorschlägt, auch Seminare zum gewerb-

lichen Rechtsschutz anzubieten, wird dies gerne angenommen. Die Wuppertaler Referentin ist die erste, die solche Kurse anbietet, und die Teilnehmerzahlen schießen schnell in die Höhe. Um die Organisation seitens des Instituts kümmert sich Konferenzmanagerin Annette Kapeller.

»Wir haben uns auf Anhieb gut verstanden«, berichtet die Frau mit dem sportlichen Kurzhaarschnitt und erzählt ihren eigenen Lebensweg. Geboren 1970 im Odenwald, ist sie als Jugendliche mit dem frühen Tod ihres Bruders und ihres Vaters konfrontiert.. »Mach eine Ausbildung«, rät die Mutter ihrer Tochter nach deren Realschulabschluss. Eine Nachbarin gibt den Tipp, dass ein befreundeter Arzt in Mannheim eine Auszubildende als Arzthelferin sucht. Sie erhält den Ausbildungsplatz, an dem sie schnell lernt, eigenverantwortlich zu agieren. »Ich habe gerne und viel gearbeitet, um nicht über meine privaten Traumata nachzudenken«, reflektiert sie rückblickend. Nach der Ausbildung kehrt sie zurück nach Wald-Michelbach in eine dortige Arztpraxis, träumt jedoch davon, Pharmareferentin zu werden. Weil sie dafür noch zu jung ist, besucht sie neben ihrer Arbeit eine Arztsekretärinnen-Schule in Mannheim. Mit diesen Abschlüssen bewirbt sich Annette Kapeller bei einer Pharmafirma und ihrem späteren Arbeitgeber, einem Weiterbildungsinstitut.

Im ersten Unternehmen erkrankt der Personalleiter, während im Institut eine Assistentin in der Pharmaabteilung gesucht wird. Nach nur sechs Wochen wird sie dort vorübergehend als Assistentin des Hauptgeschäftsführers eingesetzt, bis dieser eine neue Assistentin gefunden hat. Daraus werden 12 Jahre. »Herzlichkeit und Dienstleistung waren unsere Erfolgsfaktoren.« Im Jahr 2002 wird sie Konferenzmanagerin und baut mit ihrem Chef den Bereich Gewerblicher Rechtsschutz auf – mit Monika als Referentin. 2007 wird sie Bereichsleiterin für den Projektbereich Führung und Assistenz. »Wir lernten uns in einem Heidelberger Hotel kennen«, berichtet Annette Kapeller über ihr erstes Zusammentreffen mit der Wuppertaler Referentin. Acht Jahre später entscheiden sie sich, gemeinsam ihr eigenes Institut für Weiterbildung im gewerblichen Rechtsschutz zu gründen. Ende 2010, wenige Monate nach den Planungen am Gartentisch, ist es so weit. Sie entscheiden sich für eine GmbH als Rechtsform und Weinheim als Standort, wo Annette Kapeller auch für ihre beiden 2004 und 2006 geborenen Söhne da sein kann. »Ein sehr erfahrener Markenspezialist, der von unserer Idee sehr begeistert war, half uns bei der Findung unseres Firmennamens«, erzählen beide vom Beginn, und: »Unser Logo haben wir im Internet designen lassen.«

Der Start ist schwierig, denn die Konkurrenz sieht die junge Firma kritisch und agiert mit Abmahnungen. Doch die beiden Unternehmerinnen beißen sich durch. »Die erste Abmahnung war die schlimmste«, sagt Monika Huppertz, »aber heute kann mich das nicht mehr schocken.« Beide Frauen bringen ihre Expertise ein, haben aber auch manche Zweifel und stellen sich zu Beginn sehr oft die Frage, ob diese Entscheidung richtig war. »Wir haben gelernt, dass wir miteinander darüber sprechen müssen«, weiß Monika Huppertz heute, und Annette Kapeller ergänzt: »Wir bilden eine ideale Kombination, denn wir sind persönlich sehr unterschiedlich.« Sie organisiert alle Seminare, Kongresse und Referenten und kümmert sich um die Finanzen, während ihre Partnerin als Hauptreferentin für die Inhalte zuständig ist. Das erste Büro ist ein kleines Zimmer, das heutige eine große Wohnung mit sieben Angestellten, die aus allen Nähten platzt. Der Umzug in ein neues, größeres Büro mit eigenem Seminarraum für kleinere Teilnehmerzahlen

ist das nächste Ziel. IP for IP bietet ca. 90 Seminare pro Jahr an: Einsteiger-, Aufbau- und Crash-Kurse sowie zahlreiche Webinare. Die Kunden, Teilnehmer, die sich in Kanzleien oder Firmenabteilungen mit Gewerblichem Rechtsschutz befassen, kommen aus Deutschland, Österreich, Frankreich, den Niederlanden, Liechtenstein und der Schweiz – unter ihnen viele Neu- und Quereinsteiger wie Übersetzer, Patent- und Rechtsanwaltsfachangestellte oder auch direkte Schul- oder Studienabgänger. Außerdem veranstaltet die Firma Kongresse mit bis zu 200 Teilnehmern.

Seit acht Jahren organisieren die beiden Bildungsunternehmerinnen auch Fernstudiengänge. »Wir benötigten eine Zulassung und hatten nur wenig Zeit«, berichten beide von Startschwierigkeiten. »Darum sind wir zur Zentralstelle für Fernstudiengänge nach Köln gefahren und haben uns vor die Tür des Leiters gesetzt.« Der ist von diesem Einsatz beeindruckt und sehr hilfsbereit bei einem schnellen Zulassungsverfahren. Zum ersten Studien-

> **"** Unser Erfolg basiert darauf,
> dass wir Herzblut haben. **"**

Monika Huppertz und Annette Kapeller

gang ›Patentreferent/Patentingenieur (m/w)‹ ist mittlerweile ein zweiter zum ›Marken- und Designreferenten (m/w)‹ gekommen.

Rückblickend auf zehn Jahre des gemeinsamen Unternehmens sagen die beiden Frauen: »Dass wir heute zu den größten Bildungsanbietern im Bereich Gewerblicher Rechtsschutz gehören, hätten wir anfangs selbst nicht gedacht. Wir haben uns nicht so viele Gedanken gemacht und uns trotzdem zu zweit gegen starke Mitbewerber durchgesetzt.« Wenn sie heute Fachmessen besuchen, brauchen sie sich nicht mehr vorzustellen: Man kennt Monika Huppertz und Annette Kapeller.

Herzblut, nicht Geld verdienen, stehe bei beiden auch noch nach zehn Jahren an erster Stelle, machen sie immer wieder deutlich, und engagieren sich in ihrem Fachgebiet. Monika Huppertz hat ein Fachbuch zum Gewerblichen Rechtsschutz geschrieben, welches bereits in der 6. Auflage erschienen ist und mit dem heute die meisten Azubis arbeiten, weil es leicht verständlich ist, und sie engagiert sich im Prüfungsausschuss für ihren Beruf. Außerdem gibt sie Prüfungsvorbereitungskurse an der Berufsschule. »Für kleines Geld, aber mit viel Spaß und Engagement«, gibt sie lachend zu. Entspannung findet Monika Huppertz beim Badminton spielen, beim Zeitunglesen und einem guten Glas Wein. Annette Kapeller entspannt sich beim Tango Argentino oder beim Wandern in den Bergen, wo sie immer wieder Kraft schöpft und neue Ideen findet. Zusammen mit einem sehr guten und harmonischen Team sorgt sie außerdem dafür, dass im Weinheimer Büro alle Seminare optimal organisiert werden. »Es ist immer schön, wenn ich dorthin komme«, findet Monika Huppertz, die ansonsten bundesweit ihre Seminare hält oder Organisationsberatungen durchführt. Besonders stolz ist sie, dass einer ihrer Söhne dort eine Ausbildung als Veranstaltungskaufmann macht. »Man kann mit und ohne Studium Erfolg haben«, findet sie. »Hauptsache, man hat Spaß am Beruf!«

Garnet Kasperk

Lehre, Forschung und viel Empathie

Garnet Scheibe wurde 1967 in Reinbek bei Hamburg geboren. Ihr Vater war Unternehmer im Bereich Automobilzubehör, die Mutter arbeitete im Betrieb mit. Nach ihrem Abitur besuchte sie zunächst die Höhere Handelsschule in Kall, bevor sie 1989 ihr Studium der Betriebswirtschaft an der RWTH Aachen begann. Nach ihrer Eheschließung mit Dr. med. Reinhard Kasperk im Jahr 1993 schloss sie ihr BWL-Studium in Aachen und Maastricht als Diplomkauffrau ab und begann ihre Promotion am Lehr- und Forschungsinstitut für internationale technisch-wirtschaftliche Zusammenarbeit der RWTH Aachen. 1997 promovierte sie zum Dr. rer. pol. im Fach Volkswirtschaftslehre. Anschließend wurde Dr. Garnet Kasperk zunächst Akademische Rätin und 1999 Akademische Oberrätin und stellvertretende Leiterin am genannten Forschungsinstitut. Von 1997 bis 2007 leitete sie zudem das »European Southeast Asian University Network in Engineering« zur Vernetzung exzellenter Technischer Hochschulen in Bezug auf Forschung und Studierendenaustausch. Daraus ergaben sich Gastprofessuren in Singapur, China und Thailand. An der RWTH Aachen vertrat sie bis 2011 den Lehrstuhl für Internationales Management und leitete die Austauschbeziehungen der School of Business and Economics. 2011 gründete sie das CIAM Center for Automotive Management an der RWTH Aachen, das sie bis heute leitet. Außerhalb des universitären Curriculums arbeitete sie von 2007 bis 2008 als Strategic Advisor für die E.ON AG und gründete im Jahr 2010 zusammen mit drei Kollegen der RWTH Aachen die AixaTech GmbH, deren Geschäftsführung sie bis 2015 übernahm. Als Anteilseignerin ist sie dort nach wie vor beratend tätig. 2012 gründete sie Wine4Dine. Mit dem Import von Weinen aus Südafrika unterstützt sie die dortige Organisation PEPPLES, die sich um die schulische Ausbildung von Kindern von Weinlesern kümmert. Sie engagierte sich von 2012 bis 2013 ehrenamtlich als Vorstandsmitglied der Stiftung Wissenschaft und Politik am Deutschen Institut für internationale Politik und Sicherheit, seit 2013 als Vorsitzende des Aufsichtsrats im Sozialwerk Aachener Christen und seit 2014 als Vorstandsmitglied im Verein der Förderer und Freunde Luisenhospital Aachen.

»Ich liebe den Werkstattgeruch«, sagt Dr. Garnet Kasperk. Mit ihren langen blonden Haaren und der schicken Jeans ist man zunächst geneigt, die groß gewachsene schlanke Frau mit der Modebranche in Verbindung zu bringen. Weit gefehlt! »Mit 15 Jahren habe ich Kupplungen, Stoß-dämpfer und Keilriemen im Betrieb meines Vaters verkauft«, sagt sie, die als Jugendliche ganz oft auch in den Untersuchungsgruben der Werkstatt-Kunden anzufinden ist. »Damals waren Autos nicht wie heute computergesteuert – ich habe mir gern alles angeschaut, um zu verstehen, wie Fahrzeuge funktionieren. Das war der Beginn meiner Affinität zu Autos.«

Garnet Scheibe wird in Reinbek geboren, doch ziehen ihre Eltern mit ihr und dem älteren Bruder bereits nach einem Jahr nach Gemünd in die Eifel. Im nahe gelegenen Schleiden besucht sie das Gymnasium und macht 1986 ihr Abitur. Nach dem Besuch der Höheren Handelsschule in Kall und einer Ausbildung zur Einzelhandelskauffrau wechselt sie 1988 zur Fachhochschule Aachen und anschließend zur dortigen RWTH, um ein Studium der Betriebswirtschaft zu absolvieren. In Maastricht erlangt sie ihr kaufmännisches Diplom in International Business und beschließt, zurück in Aachen, zu promovieren. Da ist sie 26 Jahre alt und bereits seit einem Jahr mit dem Chirurgen Dr. Reinhard Kasperk verheiratet. Doch hält es die umtriebige junge Doktorandin nicht lange in Deutschland. »Ich war noch nie in Asien gewesen und wollte unbedingt einmal dorthin«, erinnert sie sich. 1994 beginnt sie ihre Promotion am Lehr- und Forschungsinstitut für internationale technisch-wirtschaftliche Zusammenarbeit der RWTH. »Die nächsten drei Jahre bis zu meiner Promotion war ich ständig unterwegs«, erzählt sie mit leuchtenden Augen. Hauptsächlich in Südostasien und Lateinamerika, um ein internationales

universitäres Netzwerk für Technische Hochschulen aufzubauen. Besonders Thailand hat es ihr angetan. »Heute ist dieses Land meine zweite Heimat geworden«, erzählt sie lächelnd. Wobei sie als westlich denkender Mensch anfänglich ernste Schwierigkeiten mit der buddhistischen Mentalität hat: »Ich kam in ein Meeting und wollte sofort eruieren, wo noch nicht abgerechnete Gelder verblieben waren.« Von der direkten Ansprache seines Gegenübers ist der thailändische Projektleiter derartig schockiert, dass er wortlos kehrtmacht und für einige Monate in ein Kloster verschwindet. Das sei ein Schlüsselerlebnis für sie gewesen, führt sie nachdenklich aus. Mit viel Geduld wird sie bei ihren nächsten Besuchen von ihren thailändischen Kolleginnen in die dortigen Gepflogenheiten eingeführt. »Ich habe gelernt zu verstehen und richte mich seitdem sehr nach dem Motto: ›Never judge, just understand.‹ «

Um ihr interkulturelles Verständnis zu vertiefen, belegt sie diverse Kurse zum Thema an der Maastrichter Universität und beginnt, selber interkulturelle Kommunikation an der RWTH in Aachen zu unterrichten. Ab 1999 besucht sie als Gast-

> ## Never, never, never give up!
>
> Winston Churchill

dozentin die National University of Singapore und doziert ab 2010 regelmäßig an der Thai-German Graduate School of Engineering sowie an der Chulalongkorn University in Bangkok, an der International University for Science and Technology in Kiew und der Tsinghua University in Peking – mit dem Schwerpunkt Strategien in der Automobil- und Energiebranche, aber auch zum Thema interkulturelle Kommunikation. 1997 promoviert Garnet, deren ungewöhnlicher Vorname der Heldin des Lieblingsromans ihrer Mutter geschuldet ist, zum Thema »Deregulierung und Privatisierung des Elektrizitätssektors in Entwicklungsländern« und erhält ihren Titel als Dr. rer. pol. im Fach Volkswirtschaft nur wenige Monate vor der Geburt ihrer Tochter Fiona. Ihren Mann ereilen jetzt leise Zweifel, ob die junge Mutter das Reisepensum noch aufrechthalten kann. Doch diese will und kann! Sie findet schnell eine Tagesmutter, die sie unterstützt. »Und während meiner Reisen waren ausnahmslos meine Eltern da«, erklärt sie. »Zudem hatte ich einen sehr verständnisvollen Chef an der Uni, wo ich ja inzwischen auch forschte und lehrte.« Direkt nach ihrer Promotion bekommt sie eine Stelle als Akademische Rätin. Sie hält Vorlesungen für Studierende und wird Leiterin des »European Southeast Asian University Network in Engineering«.

Garnet ist heute eine emphatische Lehrerin. Auf lebendige Art und Weise vermittelt sie ihren technischen Lehrstoff. »Das war lange nicht so und in den 90er Jahren in Deutschland auch nicht üblich«, erzählt sie. Gewonnen habe sie Erkenntnisse über das Lehren in Thailand, wo sie anfangs meist männlichen Studierenden anhand von Folien und Fakten strategisches Management nahebringt. Der Tiefpunkt sei erreicht worden, meint sie stirnrunzelnd, als sich die Hälfte der Klasse draußen aufhielt und die andere Hälfte teilnahmslos vor sich hindöste. »Ich integrierte daraufhin Geschichten und praktische Beispiele in meinen Lehrstoff und merkte, dass diese gut als Transportmittel für Fakten dienen, um die Begeisterungsfähigkeit bei den jungen Leuten zu wecken.« Mit der Vermittlung von möglichst praktischen Problemlösungen erreicht sie die Studierenden, die ihr ab nun aufmerksam folgen. »Ich habe sie dann lange begleiten dürfen«, sagt sie, »und empfand

das als Geschenk für mich als Lehrende.« 1999 wird sie zur Akademischen Oberrätin ernannt. Sie bekommt einen Lehrauftrag in Singapur und verbringt dort mit ihrer Tochter ein knappes Jahr, oft von ihrer Mutter und ihrem Mann besucht. Davor und danach ist sie noch für die deutsche Regierung und die EU-Kommission zur Analyse und Auswertung diverser Projekte unterwegs. Auch die Geburten der Söhne Nicholas im Jahr 2000 und Christopher im Jahr 2003 hindern die dreifache Mutter nicht daran, weiter in Asien und an der RWTH zu lehren. »Eine Vorlesung ist wie ein kleines Bühnenstück«, beschreibt sie ihren Alltag an der Aachener Universität. »Ich stehe vorne am Podium, vor mir die Studierenden in Stuhlreihen, die nach oben wie in einem Amphitheater angelegt sind.« Je nach Vorlesung seien 30 bis 50 Studierende anwesend, meist ein Drittel davon Frauen.

Parallel zu ihrer Lehrtätigkeit ist sie von 2007 bis 2008 Strategic Advisor für die Restrukturierung und Internationalisierung der E.ON AG und nimmt diverse Aufgaben im Vorstand der RWTH wahr. Dann, im Jahr 2011, erlebt die sportliche Frau, die bis heute den Tag mit Frühsport beginnt und in ihrer Freizeit gerne golft, einen erneuten Wendepunkt im Leben. »Ich hatte mich am Lehrstuhl für Automobil-Management an der Uni Duisburg zusammen mit noch einem Mann und einer Frau beworben.« Mit nur einer Stimme Mehrheit bekommt der Mann den Posten. »Ich war so fassungslos«, erzählt sie kopfschüttelnd, »dass ich hier in Aachen das CIAM gegründet habe.« Das Center for Automotive Management gehöre nach Aachen, führt sie aus, weil hier viel automotive Kompetenz sei. »CIAM ist eine Lehreinheit, die sich nur um automobilwirtschaftliche Fragen dreht«, erklärt sie. Ab jetzt hält sie ihre Vorlesungen ausschließlich zum Thema Automobilwirtschaft, führt Projekte zusammen mit ihren Studierenden und Unternehmen durch und publiziert. Es geht um Antriebstechnologie, Elektromobilität und internationale Strategien, aber auch um Nachhaltigkeit, CO_2-Bilanz sowie Vor- und Nachteile vom Wasserstoffantrieb – alles immer aus wirtschaftlichen Betrachtungsweisen, die eine fundierte Kenntnis der internationalen Politik voraussetzen. »Die klassische Automobilindustrie gibt es nicht mehr«, erklärt Garnet Kasperk, »heute geht

es um Mobilität, um Geschäftsmodelle wie Car-Sharing und um Künstliche Intelligenz.«

Schon im Jahr 2010 hat sie mit drei Ingenieuren die AIXaTech GmbH gegründet. Diese Firma entwickelt eine neue Produktionsanlage zur Beschichtung von Silicium- und Saphir-Substraten für die LED- und Halbleiter-Industrie und produziert sie im Vergleich zu bisher verfügbaren Anlagen um mehr als 70 Prozent günstiger. Für das Projekt arbeitet sie zunächst mit einer halben Stelle bei der RWTH und lässt sich von 2012 bis 2015 beurlauben. »AIXaTech war ja ein Start-up aus dem universitären Bereich«, erklärt sie, deren Hauptaufgabe als Geschäftsführerin darin besteht, Investoren für dieses kapitalintensive Business zu finden. »2015 habe ich meinen Posten an einen Ingenieur übergeben und bin seitdem noch beratend für die AIXaTech GmbH und wieder zu 75 Prozent an der RWTH tätig.« Die emsige Dozentin mit den unendlichen Ideen arbeitet aber noch an der Entwicklung von weiteren Projekten mit. Eines davon ist die im Jahr 2015 von Prof. Dr. Günther Schuh gegründete e.GO Mobile AG, ein Start-up für den Bau von Elektrofahrzeugen. Als ihr der erste Prototyp von einer Gruppe Manager vorgestellt wird, kann sie ihren Augen kaum glauben. »Wie ein Schneepflug auf Rädern sah das Auto aus, aus meiner Sicht gänzlich unattraktiv.« Gar nicht nach ihrer Art rutscht ihr un-

bedacht ein Kommentar heraus: »Da sind wohl ein paar Ingenieure in die Garage gerannt und haben ein Auto gebaut, ohne eine Frau oder einen Designer zu fragen!« Die Kritik wird lächelnd zur Kenntnis genommen – und das Design des Autos tatsächlich später verändert. »Seitdem entwickeln meine Studierenden jedes Semester sehr gute Ideen und werden vom e.GO Team super betreut.« Voller Begeisterung für dieses Projekt ist Garnet auch hier bis heute beratend tätig.

Bei aller verantwortungsvoller Tätigkeit macht Garnet keinen hektischen Eindruck. Im Gegenteil findet sie noch Zeit, sich ehrenamtlich zu engagieren: von 2012 bis 2013 als Mitglied im Vorstand der Stiftung Wissenschaft und Politik am Deutschen Institut für internationale Politik und Sicherheit, seit 2013 als Aufsichtsratsvorsitzende des Sozialwerks Aachener Christen und seit 2014 als Vorstandsmitglied im Verein der Förderer und Freunde Luisenhospital. »Zum Abschalten trinke ich gern ein Glas südafrikanischen Wein«, erzählt sie augenzwinkernd zum Abschied. Und weist auf das von ihr ins Leben gerufen Projekt Wine4Dine hin. »Mit jeder verkauften Flasche unterstützen wir ein Projekt zur schulischen Ausbildung von den Kindern der Weinleser.« Gemeinsam mit neugierigen Menschen neue Dinge entwickeln, gute Projekte unterstützen und auch ein bisschen genießen, das zieht sich durch das Leben von Garnet Kasperk.

Jutta Kirberg
Mit Herz und Können für die Gäste da

Jutta Kirberg wurde 1961 in Köln als Tochter eines Kaufmanns und einer Hausfrau geboren. Nach ihrem Abitur studierte sie an der Universität zu Köln Germanistik und Kunst mit dem Ziel, Kostümbildnerin zu werden. Schon während ihres Studiums startete sie 1982 im Künstler-Catering für die internationale Musikszene und gründete 11 Jahre später gemeinsam mit Thomas Lehmann die Kirberg GmbH Catering Fine Food. 2012 betrieben die beiden das von Gault Millau empfohlene Restaurant Schloss Morsbroich. Seit 2014 ist das Unternehmen exklusiver Gastronomiepartner von KölnKongress in der Flora und seit 2017 ist Kirberg unter anderem Partner der Koelnmesse und der Grand Hall in Essen und auch deutschlandweit an vielen spannenden Locations anzutreffen. Kirberg Catering wurde mehrfach ausgezeichnet, u. a. zweimal als Caterer des Jahres, Leader of the Year, und zuletzt erhielt es den Award der Gastfreundschaft in Gold für das Gartenlokal »Dank Augusta« in der Flora Köln.

Was haben Andy Warhol, Mick Jagger und Jutta Kirberg gemeinsam? Tomato Soup, Pop Art und Rock n' Roll. »Bei uns wird schon mal ein Getränk mit Strohhalm in einer Suppendose angeboten – ganz nach Art von Warhols Campbell's Soup«, beantwortet die Unternehmerin mit der gelben Brille meine Frage schmunzelnd und führt mich durch die Räume der Kölner Flora. Von Peter-Joseph Lenné geplant und im Jahr 1864 erstmalig eröffnet, bespielt Kirberg Catering seit 2014 das ehemalige Gewächshaus und die Terrasse mit dem Gartenlokal »Dank Augusta«. An einem Ort unter freiem Himmel, der eine Küche nur im Keller zulässt, wo früher »draußen nur Kännchen« von schwarzgekleideten Kellnerinnen mit Häubchen angeboten wurde, hat Jutta Kirberg es gewagt und geschafft, ein Gartenlokal mit einem außergewöhnlichen Konzept zu etablieren. Getrieben von ihrer Leidenschaft das Unmögliche möglich zu machen, bietet sie ein kreatives Picknick-Konzept auf der Terrasse der Flora an. »Alles nur draußen«, sagt sie, »und alles bei Wind und jedem Wetter.« Das ist Rock 'n Roll!

Jutta Kirberg wird 1961 in Köln geboren. In ihrem Elternhaus werden oft Gäste empfangen, die ihre Mutter, eine perfekte Gastgeberin, gern im privaten Ambiente bewirtet. »Mein Vater war Direktor in einem pharmazeutischen Konzern«, erzählt sie. »Dass bei uns zuhause oft Abendgesellschaften stattfanden, war für mich und meinen jüngeren Bruder eine Selbstverständlichkeit.« Nach ihrem Abitur studiert Jutta an der geisteswissenschaftlichen Fakultät der Uni Köln. Von Literatur und Kunst beeinflusst, spürt die junge Studentin hier den Drang in die Welt des Theaters. »Inszenierungen haben mich inspiriert«, sinniert sie, »und ich wollte unbedingt Kostümbildnerin werden.« Schon während des Studiums bekommt sie Kontakt in künstlerische Welten – allerdings nicht zur klassischen Bühne. »Ich arbeitete ab 1982 als Studentin zunächst für eine kleine Cateringfirma, mit deren Chefin ich gemeinsam studiert habe und die sich auf Bandcatering spezialisiert hatte.« Die Musiker, die sie betreut, sind keine geringeren als die Rolling Stones on Tour. Durch die Nähe zu verschiedenen Bands entwickelt sie schnell ein Gespür dafür, was gutes Catering für sie später einmal ausmachen würde: »Ein All-inclusive-Paket, das sorgfältig inszeniert werden muss.« Geht es anfangs hauptsächlich darum, die Garderoben herzurichten und die gewünschten Getränke und Snacks bereitzustellen, kommt bald mehr hinzu. »Ich lernte Fritz Rau und seine berühmte Konzertagentur kennen«, erzählt sie. Er bucht sie für die Organisation von weiteren Konzert-Caterings, und Jutta, die sich in erster Priorität eigentlich um ihr Studium kümmern sollte, wird bald zum Teammitglied der tourenden Bands. »Das war absolut nicht einfach«, lacht sie über erste Herausforderungen 1983. »David Bowie wollte Sushi, doch in Deutschland wusste kaum einer, was das war.« Jutta beweist ihr organisatorisches Talent und kann jeden noch so exotischen Wunsch erfüllen. »Ein japanischer Koch fand sich im Düsseldorfer Hotel Nikko.« Er wird samt japanischem Personal ins Konzertstadion chauffiert, damit er die Sushi für den anspruchsvollen Popstar an Ort und Stelle zubereiten kann. »Auch makrobiotische Küche – in Deutschland damals komplett unbekannt – war angesagt. Danach fragten vor allem amerikanische Künstler«, erinnert sie sich. Jutta und ihr Team stellen sich auch darauf ein. Pavarotti,

> **Essen ist ein Bedürfnis,
> Genießen ist eine Kunst.**
>
> François VI. Duc de La Rochefoucauld

Santana, U2, BAP, die Toten Hosen – so lauten nur einige der vielen großen Namen, die das Team um Jutta Kirberg kulinarisch betreut. »Bei BAP waren für die längste Tour weit über 100 Termine gebucht.« Es ist damals eine große Herausforderung, für einen Tourtross von 250 Personen und mehr, in ländlichen Gegenden, zu der Zeit noch ohne große Supermärkte, genug frische Lebensmittel zu finden. Auch Hotels sind rar; nicht wenige Male schlafen die Caterer einfach im Nightliner.

Nach Abschluss ihres ersten Staatsexamens im Jahr 1985 gründet Jutta Kirberg ihre eigene Catering-Firma. Fünf Jahre gibt sie sich, um die Firma aufzubauen, und investiert jeden Gewinn in die eigene Unternehmung. Mal sind es neue Kochtöpfe, mal einige schöne Teller. »Ich investiere immer in schöne Dinge und sortiere aus, wenn mir etwas nicht mehr gefällt oder nicht mehr zeitgemäß erscheint«, erzählt sie. Treppauf und treppab gehen wir durch verschiedene Lager in der Flora. Hier zeigt sie auf unzählige Stapel Porzellan in verschiedensten Designs und Farben, auf Vasen und Gläser, Tischwäsche und Servietten, dort auf verschiedene Modelle von Tischen und Stühlen. Hinter einer weiteren Tür verbirgt sich ein Raum voller Spezialbügel, an denen Stuhlhussen ähnlich Theaterroben an großen Kleiderstangen hängen, alle nach ihren persönlichen Vorgaben genäht. 1993 gehört eine Karriere als Kostümbildnerin längst zu »tempi passati«. Mit der Gründung der Kirberg GmbH Catering Fine Food erweitert Jutta Kirberg ihr Konzept und entwickelt sich mit ihrer Cateringfirma, die schon früh große Unternehmen zu ihren Kunden zählt, fortan mehr und mehr zur Spezialistin für einmalige Inszenierungen. Und zur Meisterin der kreativen Improvisation. Während anfangs noch in heimischen Garagen von Freunden zubereitet, oder, wie beim Rock am Ring, in den Boxengassen gekocht wird, bekommt das Team der Kirberg GmbH 1991 eine feste Adresse. »In diesem Jahr hat BAP das E-Werk als Veranstaltungshalle eröffnet, und wir übernahmen das Catering und eine Gastronomie mit einem Mittagstisch für die Firmen aus der Gegend.« Kirberg Catering wird sesshaft und geht 1998 auch ins benachbarte Palladium. »Wir waren damals der einzige Gastronom im Schanzenviertel, außer der benachbarten Kantine«, erinnert sie an den lukrativen Einstieg als Platzhirsch. Bis heute ist sie hier bevorzugter Partner.

Im Laufe der Jahre entwickelt Jutta Kirberg eine eigene Handschrift. »Bedeutete Catering früher hauptsächlich die Organisation einer gelungenen Menüfolge, hat sich die gastronomische Landschaft heute grundlegend geändert«, erklärt sie. »Heute sind wir gefordert, nicht nur ein exzellentes kulinarisches Angebot zu erstellen, sondern einen emotionalen Mehrwert in unser Konzept zu integrieren, über dessen Wow-Effekte jeder spricht. Unsere Mise en Scène macht jede Veranstaltung zu einem unvergesslichen Erlebnis.« Das habe viel mit Empathie zu tun, erklärt Jutta. Man müsse sich immer gut in den Kunden und seine Wünsche hineindenken. Psychologisches Fingerspitzengefühl sei wichtig, um den sozialen und kulturellen Hintergrund der Auftraggeber zu erkennen. Wer sind deren Gäste, handelt es sich um ein mittelständiges Unternehmen mit bodenständigen Wünschen oder um international agierende Konzerne? Hatten die Gäste vorher schwierige Themen zu behandeln und sind angespannt, oder handelt es sich um eine fröhliche Party? Auch die Größe der Gruppe spiele eine wichtige Rolle, ebenso wie die Kommunikationsmöglichkeiten. »Wir durften einmal ein Mittagessen für eine Gruppe von 50 Event-Entscheidern zusammenstellen, die sich bis dahin kaum kannten.« An einer langen Tafel, die als Ess- und Buffettisch eingedeckt wird, kommt Bewegung in die Gruppe. Man holt sich selbst das gewünschte Getränk und reicht die Schüsseln mit Essen einfach weiter. »So kommt das Gefühl eines Essens unter Freunden auf. Das fördert die

Kommunikation ungemein.« Gelungene Kommunikation ist ein Stichwort, das das Erfolgskonzept von Jutta Kirberg gut zusammenfasst. Alles muss stimmig sein – was schon bei der Formulierung ihrer Angebote beginnt. »Sind Fehler im Konzept, kippt auch die beste Inszenierung«, sagt sie. Dabei kommt ihr das Studium der Germanistik zugute, aber auch das der Kunst. Nach einem ersten langen Gespräch mit einem Interessenten führt sie sich dessen Gefühlswelt vor Augen. »Ich tauche darin ein, recherchiere sein Umfeld und präsentiere dann die Ideen.« Ihre Präsentationen gleichen dem Moodboard einer Innenarchitektin, gepaart mit Regieanweisungen und Fotobeispielen der Inszenierung sowie des angedachten Food-Angebots. Details werden hervorgehoben und gleichen zeitgenössischen Gemälden – wie etwa beim Dessert, serviert auf einem schwarzen Teller. Wie ein minimalistisches Gemälde führen sorgsam aufgetragene Quitten-Gelée-Punkte den Blick weg von einer exakt platzierten Fruchtterrine zum Tellerrand, vorbei an einem Arrangement, das wie ein Spiegelei anmutet und sich ganz überraschend im Mund als süße Explosion definiert. Wer es weiß, erkennt darin sofort das geschulte Auge der Unternehmerin, die damit eine subtile Hommage an das berühmte Mobile von Alexander Calder »Lobster Trap and Fishtail« arrangiert hat. Für die Küche ist Volker Beuchert im Unternehmen zuständig, seit 2008 Mitgesellschafter.

Vom Kleinsten zum Größten: Was für eine einzelne Person puren Genuss bedeutet, soll genauso als Gemeinschaftserlebnis für eine Gruppe von 5.000 Personen funktionieren. Wie für den Kunden, der das Briefing für ein Großevent zum 30-jährigen Firmenjubiläum mit einem Satz beendet: »Nehmen Sie unsere Gäste mit auf eine Reise.« Und lässt Jutta Kirberg freien Lauf. Das sei ein Idealfall, sagt sie und setzt die Bilder in ihrem Kopf sofort um. Heraus kommt ein kulinarischer Streifzug durch 14 Raum- und Gastrokonzepte, die sich an der echten kulinarischen Erlebniswelt orientieren, wie man sie downtown in den Metropolen dieser Welt findet. Beim Einchecken bekommt jeder Gast einen Boardingpass – ähnlich wie beim Einchecken am Flughafen. Mit Golfcaddies werden die Neuankömmlinge vorbei an Flughafenszenen mit projizierten Videoclips von Gepäckbändern und Rolltreppen zur eigentlichen Eventhalle gebracht. Hier beginnen die Gäste ihre Entdeckertour im verlassenen Industriegelände eines verrufenen Stadtviertels, das bekannt ist für sein quirliges Nachtleben. Wie in einer realen Downtown bietet sich diese Szenerie an als idealer Laufsteg fürs Sehen und Gesehen werden. An der einen Ecke ein cooler Imbiss, an der anderen eine schrille Bar. Es findet sich aber auch ein gemütliches Plätzchen für zwei auf einer Bank im Hinterhof oder ein besonderer Essplatz im Dachgarten eines angesagten Restaurants – komplett mit benötigter Vorreservierung und Wartezeit, die mit einem Glas Wein gemütlich verkürzt wird. Urban, dirty-chic oder VIP-cool, für alle ist etwas Passendes dabei. Jutta Kirberg hat aber nicht nur eine Vision, die sie umsetzt. Bei der Realisierung ihrer Inszenierungen spielt auch Nachhaltigkeit eine große Rolle. »Wir gehen wo immer es geht mit allen Ressourcen verantwortlich um«, betont die energiegeladene Unternehmerin, »das reicht von der Handhabung der Lebensmittel über nachhaltige Präsentationen bis – und das nicht zuletzt – zum Umgang mit unseren Mitarbeitern.«

Am Ende ihrer Führung durch die Flora kommen wir in einen Raum, in dem verschieden eingedeckte Mustertische für eine anstehende Kundenbesprechung bereit stehen. »Ich verstehe mich als Gastgeberin«, sagte sie und erklärt: »In ›Gastgeben‹ steckt das Wort ›geben‹. Das tue ich gern.« Der gedeckte Tisch sei doch ein wunderbarer Ort um Freude zu geben, sagt sie, und freut sich sichtlich darüber, mit ihren Inszenierungen eine Geberin zu sein.

Dagmar Mayer

Netzwerkerin mit großer Expertise für den Mittelstand

Dagmar Mayer wurde 1957 in Schollbrunn geboren. Nach einer Ausbildung an einer Sekretärinnenschule in Frankfurt und anschließendem Fachabitur erhielt Dagmar Mayer ihre erste Stelle als Vorstandssekretärin am Flughafen München. Am Münchener Maximilianeum absolvierte sie nebenbei eine Ausbildung als Fachlehrerin für Maschinenschreiben und Geschäftsdeutsch. Ihre zweite Stelle nahm sie beim Münchener Verlag Wort und Bild an. Drei Jahre danach ging Dagmar Mayer zu einer großen Unternehmensberatung nach Wiesbaden und erweiterte ihre Qualifikationen als Fachlehrerin im Abendstudium. 1987 zog sie mit ihrem Mann nach Forsbach bei Köln, wo sich Winfried Mayer mit einem Partner als Unternehmensberater selbstständig machte, während Dagmar Mayer eine Stelle als Lehrerin an einer Schule in Köln annahm. Als der Partner aus der Unternehmensberatung ausstieg, übernahm Dagmar Mayer dessen Anteile und wurde kaufmännische Geschäftsführerin. Seit 2013 ist sie zudem selbstständige Repräsentantin des Bundesverbandes Mittelständische Wirtschaft BVMW. Die Mutter eines erwachsenen Sohnes hat seit 1999 mit ihrem Mann auf dem Mieminger Plateau im kleinen österreichischen Weiler Fiecht ihren Wohnsitz, während sie das Domizil in Rösrath als Arbeitshaus nutzt.

»Meine Großmutter war Handarbeits- und Hauswirtschaftslehrerin und ein großes Vorbild für mich«, erinnert sich Dagmar Mayer an den Menschen, der sie in ihrer Kindheit entscheidend geprägt hat. Sie wurde unternehmerisch aktiv und gründete eine Weinhandlung – für eine Frau im Spessart damals ein höchst ungewöhnlicher Schritt. »Sie wurde gut angesehen mit ihrem Geschäft.« In den Schulferien darf Dagmar gemeinsam mit ihrer Schwester Marita und drei Cousinen bei den Großeltern, die nebenher eine kleine Landwirtschaft betreiben, in dem kleinen Dorf im Spessart verbringen, in dem sie selbst geboren wurde. »Ich war die kleinste«, erinnert sich die charmante Frau mit dem leichten fränkischen Akzent lächelnd. »Ich kletterte in die Fässer, die unser Großvater, ein Küfer, gebaut hatte. Meine Großmutter ließ warmes Wasser hinein und ich schrubbte von innen die Wände.« Angst hat Dagmar keine, denn die Großmutter sitzt daneben und spricht mit ihr.

Meine Kindheit war wunderbar«, sagt Dagmar Mayer, die mich in ihrem geschmackvoll eingerichteten Haus in Rösrath südlich von Köln empfängt. Sie nennt es ihr »Arbeitshaus«, denn von hier geht sie ihrer Tätigkeit als Geschäftsführerin der Unternehmensberatung Winfried Mayer GmbH und als Repräsentantin des BVMW nach. Ihr Vater hätte sich gerne als Schreiner selbständig gemacht, erzählt sie, doch die Mutter, eine vorsichtige Frau, hätte ihn gebremst. »Sie selbst hatte keine Ausbildung, aber von ihrer Mutter das Schneidern gelernt. Sie konnte uns sämtliche Kinderkleider nähen, und die waren wunderbar!« Die Familie wohnt in Aschaffenburg. Dagmar entwickelt schulisch keinen großen Ehrgeiz, denn sie spielt lieber. »Die Eltern haben mich gelassen, sie meinten: Du schaffst das schon irgendwie. Dafür bin ich sehr dankbar.« Nach dem Abschluss der Hauptschule im Jahr 1972 soll sich das ändern. Sie besucht eine Sekretärinnenschule und erhält nach zwei Jahren ein ausgezeichnetes Diplom. Danach folgt ein weiterer Schulbesuch, der zum Fachabitur führt. »Jetzt musste ich damit etwas anfangen, denn ich habe die Welt gesucht«, blickt Dagmar Mayer zurück. Gemeinsam mit Freundin Elfie plant sie eine Entdeckungstour nach München. »Wir bewerben uns dort, dann sparen wir die Fahrtkosten.«, beschließen die beiden 21-Jährigen, deren vorrangiges Ziel es ist, die bayerische Landeshauptstadt für sich zu entdecken. Sie studieren die Zeitungen, verschicken Bewerbungen und schaffen es tatsächlich, an einem Tag zu Vorstellungsgesprächen eingeladen zu werden, Dagmar bei der Flughafengesellschaft in München-Riem, Elfie bei einem Architekturbüro. Doch vorher wird Schwager Franz zu Rate gezogen. »Was tun, wenn sie uns die Stelle tatsächlich geben?« – »Dann setzt ihr eure Gehaltsforderungen so hoch an, dass sie das nicht tun«, rät der gewiefte Banker.

Während des Gesprächs wird Dagmar Mayer angeboten, sie bekomme zwei Schreibdamen und müsse nur die Korrespondenz mit Ministerien selbst erledigen. Ansonsten sei sie für den Chef der Abteilung Forschung und Entwicklung mit dem Rechenzentrum des Flughafens zuständig. Man wolle sogar bei der Wohnungssuche helfen. »Die Gehaltsforderung, die ich daraufhin stellte, war für mich gigantisch«, erinnert sich Dagmar

> **Wenn Menschen wertgeschätzt werden, findet Innovation statt.**
>
> Dagmar Mayer

Mayer lachend. Als sie Elfie später wiedertrifft, ist eine Münchenerkundung kein Thema mehr, denn auch die Freundin hat ein interessantes Angebot bekommen. Was tun? Beide nehmen die Stelle an und beziehen 1978 eine gemeinsame Wohnung direkt neben dem Flughafen. Nun hat der Ehrgeiz die junge Sekretärin gepackt. »Das kann doch noch nicht alles sein«, denkt sie und macht abends und am Wochenende noch eine Ausbildung als Fachlehrerin. Das ist zwar sehr anstrengend, führt aber zu einem weiteren guten Abschluss. Die zweite, größere Wohnung beziehen die beiden Freundinnen im Münchener Stadtteil Soln, ein schönes Wohngebiet, jedoch eine Fahrstunde vom Flughafen entfernt. Dagmar Mayer liest daher wieder die Stellenanzeigen, will auch wissen, wie ihr Marktwert ist. Wie der Zufall es will, sucht der Verlag Wort und Bild eine Assistenz des Vertriebsleiters. Das burgähnliche Gebäude des Verlags, der die Apotheken Umschau herausgibt, liegt nur einen Katzensprung entfernt direkt an der Isar. Sie erhält die gut dotierte Stelle und erlebt bald darauf Verleger Rolf Becker, von dem sie lernt, wie man Mitarbeiter schätzt und motiviert. Der Kunstmäzen und stets gepflegt auftretende Mann legt wegen seiner Kunstschätze im Verlagshaus großen Wert auf Sicherheit – und auf Reinlichkeit, weshalb die Raumpflegerin selbst die Hundehütte sauberhält. Freitags um 13 Uhr ist Arbeitsschluss, und jedes Mal verabschiedet sich der Chef von allen persönlich. Beim Firmenjubiläum bittet er zum Abendessen und verkündet, dass er alle Mitarbeiter nach New York einlädt. »Es waren unvergessliche Tage«, erinnert Dagmar Mayer. Sie wohnen im Waldorf Astoria, besuchen die Met, fliegen mit dem Hubschrauber über Manhattan und gehen zum Essen in das Restaurant in der obersten Etage des World Trade Center, wo die Raumpflegerin bei Rolf Becker am Tisch sitzt. »Das hat mich stark geprägt. Ich gehe seitdem mit den Handwerkern und der Raumpflegerin genauso wertschätzend um wie mit einem Vorstand.«

Als sie ihren ersten Mann kennenlernt, ändert sich das Leben der erfolgreichen Assistentin grundlegend. Sie heiratet den Offizier und zieht 1982 mit ihm in die USA, nach El Paso. Nach dem Willen der Bundeswehr sollen Frauen hier ihre Männer unterstützen, nicht arbeiten. »Wir Frauen dienten als Beigabe«, erinnert Dagmar Mayer und berichtet von Kaffeenachmittagen bei 40 Grad im Schatten, mit weißen Handschuhen. Die schönen Seiten – viele Reisen, Haus mit Pool, hohe Auslandszuschläge – überdecken nicht, dass ihr eifersüchtiger Mann sie wie seinen Besitz behandelt. Nach einem Jahr endet die USA-Zeit, und das Paar zieht zurück, nun nach Wiesbaden. Die Trennung erfolgt wenig später im Jahr 1985. Dagmar Mayer findet schnell eine Stelle bei einer Unternehmensberatung als Assistentin der Geschäftsführung, wieder in der Abteilung Forschung und Entwicklung. Ihren intelligenten, aber introvertierten Chef begleitet sie auf Schritt und Tritt. »Ich war in alle Prozesse involviert und merkte, wie ich Einfluss auf Unternehmensentscheidungen bekam.« Nach der Scheidung bleibt Dagmar Mayer in der Unternehmensberatung und erweitert im Abendstudium ihre Qualifikation als Fachlehrerin. In der Firma lernt sie ihren späteren, zweiten Mann Winfried kennen. Die beiden beschließen, sich in der Region um Köln eine gemeinsame Bleibe zu suchen, wo sich der erfahrene Personalentwickler mit einem Kollegen selbstständig machen möchte. 1987 heiratet das Paar, und Dagmar bekommt eine Stelle als Fachlehrerin an einer Berufsbildenden Schule in Köln. Schnell merkt sie, dass dies nicht ihre Welt ist: »Ich wurde schwanger – genau im richtigen Moment«, beschreibt Dagmar Mayer, was ihre weitere Lebensplanung beeinflusste. Im Februar 1988 wird Sohn Julian geboren, sprachlich hochintelligent, aber nicht einfach. »Mich um das Kind zu kümmern war erste Priorität.« 1990 baut das Ehepaar ein Haus mit Büroetage. Weil die Firma immer größer wird, übernimmt Dagmar Mayer die kaufmännische Administration, erwirbt,

als der Geschäftspartner ausscheidet, Anteile an der GmbH und wird Geschäftsführerin. »Ich habe meinem Mann den Rücken freigehalten, wenn der bei Teamtrainings, Workshops und Seminaren engagiert war.« Mit großen Unternehmen wie Evonik, der Lufthansa oder dem ZDF führt sie den Schriftverkehr und handelt Verträge aus. »Und wenn mein Sohn aus der Schule kam, war ich zuhause und konnte ihm etwas Warmes zu essen vorsetzen.« Einen Ruhepol finden die Mayers in Österreich, wohin Dagmar seit 1999 ihren Wohnsitz verlegt hat. Nur wer den Hauptwohnsitz in Österreich hat, kann zu dieser Zeit eine Immobilie kaufen. »Da wir uns auf dem Mieminger Plateau sehr wohl und zu Hause fühlen, haben wir vor fünf Jahren beschlossen, nochmals neu zu bauen. Dieses wie auch unsere anderen Häuser habe ich eingerichtet«, berichtet Dagmar Mayer, die während ihrer Arbeit im Münchener Verlag ein Gefühl für guten Stil entwickelt hat. »Vielleicht wäre ich auch eine passable Innenarchitektin geworden«, überlegt sie nachdenklich. Wieder einmal ist es der Zufall, der sie auf einen anderen Weg führt. im Jahr 2013 bekommt die Geschäftsführerin Besuch von einer Dame, die ihr den BVMW vorstellt. »Den Verband fand ich hochspannend, denn dessen Themen wie die Altersvorsorge für GmbH-Geschäftsführer betrafen mich unmittelbar. Der Funke sprang offenbar über. An diesem Tag wurde ich für den Verband entdeckt.«

Sie wird selbstständige BVMW-Repräsentantin und kann das mit ihrem Geschäftsführungsposten gut verbinden. Die zunehmende Digitalisierung des administrativen Aufwandes ermöglicht ihr diese Freiräume. »Zu diesem Zeitpunkt konnte ich mir noch nicht vorstellen, meine Zeit nur mit Golf spielen zu verbringen «, gibt Dagmar Mayer lachend zu. Sie übernimmt mit Kollegen den Rheinisch-Bergischen-Kreis des BVMW und freut sich mit Kollegen im Team zu arbeiten. Im Jahr 2017 übernimmt sie von einem plötzlich verstorbenen

Kollegen zusätzlich den Rhein-Sieg-Kreis/Ost. Mittlerweile arbeitet sie mit vielen Wirtschaftsförderungen zusammen, engagiert sich für den Innovationspreis »LUDWIG« und ist 2019 in die Jury der IHK Bonn/Rhein-Sieg berufen worden. »Ich brenne für den Verband, denn er bietet den Mitgliedern viele Möglichkeiten, internationale Vernetzung und die Chance über den Tellerrand zu blicken.« So verschafft sie einer Firma, die auf den indischen Markt will, über die Zentrale in Berlin Kontakt zur indischen Generalkonsulin. »Direkter geht es nicht, und darum sind die Geschäftsführer heute überglücklich!«, sagt sie, und erfährt die Wertschätzung ihrer Gegenüber. Sie organisiert Business-Frühstücke und Abendveranstaltungen für den BVMW. »Veranstaltungsorganisation ist ein Steckenpferd von mir. Mir ist jedes Detail wichtig, daher informiere ich mich immer auch vor Ort.« Sie spricht mit Caterern, plant den Aufbau und sucht Referenten aus, die fachlich aktuelle Themen emotional und empathisch vermitteln können. Ihr jüngstes Projekt ist ein Arbeitskreis Nachhaltigkeit, wo sie Firmen vernetzen will. Warum sie das so erfolgreich hinbekommt? »Als Frau kann ich mich gut durchsetzen, aber mir fällt es auch leicht, meinem Gegenüber das Gefühl zu geben ›Ich bin nicht wichtig, ich höre zu‹ «, erklärt Dagmar Mayer.

Das Abschalten fällt ihr allerdings schwer. Umso wichtiger ist der private Wohnsitz in Österreich. »Dort steige ich aus und finde Erholung bei ausgedehnten Bergtouren oder beim Golf spielen.« Vor der Terrasse weiden die Schafe, und unlängst hat ein Bauer vier Kälbchen zwischen kleinen Gattern auf der Wiese nebenan untergebracht. »Ein besonderer Glücksfall ist, dass unser Sohn dort eine Steirerin geheiratet hat. Jetzt führt er eine Golfschule im Münsterland, kommt aber jedes Mal zu uns, wenn sein Freund aus Schulzeiten seine früheren Kameraden einmal im Jahr zum Schafescheren einlädt.« Für Dagmar Mayer Glück pur!

Claudia Milbradt
Fokussiert auf das, was wirklich wichtig ist

Claudia Milbradt wurde 1971 als jüngste von drei Schwestern in Frankfurt geboren. Nach ihrem Abitur studierte sie Jura an der Fakultät für Rechtswissenschaft der Universität Hamburg und absolvierte hier 1995 ihr Erstes Staatsexamen; 1996 fügte sie noch ein Aufbaustudium in Europarecht am Europakolleg in Hamburg hinzu. Nach dem Ersten Staatsexamen absolvierte sie aufgrund ihres Interesses für Völker- und Europarecht Referendarstationen u. a. an der Deutschen Botschaft der UN in New York und beim High Commissioner for Human Rights in Genf. Zurück in Deutschland, promovierte sie 1998 und legte das Zweite Staatsexamen ab. 1999 begann Dr. Claudia Milbradt bei Pünder Volhard Weber & Axster als Anwältin in Frankfurt. Nach deren Fusionierung mit Clifford Chance arbeitet sie heute in Düsseldorf bei der sechstgrößten Wirtschaftskanzlei der Welt als Partnerin, Leiterin der deutschen IP Gruppe sowie der deutschen Tech Gruppe. Sie ist mit einem Gesichtschirurgen verheiratet und hat zwei schulpflichtige Söhne.

Wer das moderne Bürogebäude auf der ehrwürdigen Königsallee im elegantesten Geschäftsviertel Düsseldorfs betritt, erwartet gediegene Eleganz und Diskretion. Große Lettern in Schwarz zieren die cremefarbene, polierte Kalksteinfassade. Eine illuminierte Treppe führt in den ersten Stock zur Rezeption, wo dunkel gekleidete Damen die Besucher beim entsprechenden Rechtsanwalt anmelden – oder in meinem Fall bei der renommierten Head of IP. Wie erwartet, wird in einen nüchternen Konferenzraum gebeten, dessen Fenster auf die belebte Königsallee führen. Den einzigen Farbklecks bildet ein großes rotes Gemälde als Hommage für die zeitgenössische Kunst.

Eiliges Klacken von High-Heels kündigen sie an. Zierlich ist Dr. Claudia Milbradt. Mit weißer Bluse und dunklem Rock bekleidet, setzt sie sich an den Tisch, die Haare zu einem strengen Pferdeschwanz gebunden. Als einzigen Schmuck trägt sie eine zarte Goldkette, eingelegt mit hellrosa Steinen. Ich erwarte einen nüchternen Diskurs über internationales Recht und werde unerwartet überrascht. Die nächsten Stunden sind gefüllt mit Emotion und Leidenschaft, denn, so werde ich erfahren, Jurisprudenz ist alles andere als trocken.

Claudia wird als jüngste von drei Schwestern 1971 in Frankfurt geboren. Ihre Eltern sind Ärzte, wobei die Mutter den Beruf zugunsten der Kinder nicht ausübt, was sie später manchmal bedauert. Sie sei eine sehr präsente und liebevolle Mutter, betont die Anwältin. Immer wieder ermahnt sie die heranwachsenden Mädchen, gute schulische Leistungen zu bringen, um später einen erfolgreichen beruflichen Weg einschlagen zu können. Auch der vielseitig interessierte und den Töchtern sehr zugewandte Vater gibt diesen stets den Rückhalt, dass sie dieselben Dinge wie Jungs erreichen können, und ermuntert sie, die Welt zu entdecken. Claudia legt ein exzellentes Abitur an der Frankfurter Schiller-Schule ab. Das macht die Wahl fürs kommende Studienfach nicht einfach, denn Claudia möchte nicht wie die Schwestern einer ähnlichen Fachrichtung wie die der Eltern folgen. »Ich wollte als Jüngste beweisen, dass ich einen anderen Lebensweg verfolgen kann«, sagt sie und streicht nachdenklich über ihre lange Goldkette. Sie entscheidet sich für ein juristisches Studium mit dem späteren Ziel Völkerrecht. »Ich sah darin die Chance, meinen eigenen Beitrag zu leisten, um die Gesellschaft zu verbessern«, erklärt sie. Nach ersten Semestern in Frankfurt folgt sie ihrer Jugendliebe Christoph in eine kleine Wohnung nach Hamburg, schreibt sich an der Fakultät für Rechtswissenschaft der Universität Hamburg ein und macht 1995 ihr 1. Staatsexamen. 1996 fügt sie noch ein Aufbaustudium in Europarecht am Europakolleg in Hamburg hinzu und erinnert sie sich schmunzelnd an die organisatorische Herausforderung als Studentin. »Einer von uns beiden befand sich immer im Examensmodus«, lacht sie. »Dabei hatten wir nur einen Schreibtisch, den wir uns teilen mussten.«

Mit 26 Jahren und mit dem Ersten Staatsexamen in der Tasche zieht es sie nach New York zur Deutschen Botschaft bei den Vereinten Nationen. Es ist eine prägende Zeit für die junge Frau, deren Gehalt komplett in die Miete einer kleinen Wohnung fließt. »Ohne die Unterstützung meiner Eltern hätte ich das kaum schaffen können«, sagt sie und verweist auf ein Schlüsselerlebnis, das ihren Werdegang zutiefst beeinflusst. An der UN-Sondergeneralversammlung im Sommer 1997, dem sogenannten Weltgipfel Rio + 5, nehmen 53 Staats- und Regierungschefs sowie 65 Minister für Umwelt und anderer Ressorts teil, unter anderen Angela Merkel, die mit vielen Delegierten aus Bonn anreist. Während sie Angela Merkel schon damals als beeindruckende Persönlichkeit wahrnimmt, erkunden viele der Delegierten lieber den Big Apple, als sich in langen Sitzungen mit dem Schreiben von Berichten zu beschäftigen. »Das sollten wir drei Referendare und zwei Praktikanten dann teilweise für sie erledigen. Ich war damals sehr schüchtern«, erinnert sie sich, »und völlig verunsichert, als ich gebeten wurde, anstelle eines Delegierten ein Statement für Deutschland in einer UN-Sitzung abzugeben.« Unvergessen bleibt das Aufdrücken der schweren Türen zum Tagungssaal in der UNO und das Platznehmen auf dem Sitz mit dem Mikrofon. »Ich wusste jedoch, das schaffe ich, und spürte, dass mich der heutige Tag zu einem anderen Menschen machen würde.« Als Deutschland an der Reihe ist,

gibt sie mit piepsiger Stimme das vorbereitete Statement ab und sinkt erleichtert zurück in den gepolsterten Sessel. Doch es wird nachgefragt. Bevor sie erschrocken das Wort ergreifen kann, wird sie durch einen Zwischenruf des russischen Delegierten unterbrochen. »Wir stimmen dem deutschen Antrag zu«, sagt dieser und führt aus, was die deutsche Kollegin noch hätte sagen wollen. Nach der Sitzung schenkt der Russe ihr eine Porträtzeichnung, die er während der Sitzung mit Bleistift von ihr gefertigt hat, und erklärt ihr, sie habe ihn mit ihrer Ernsthaftigkeit sehr beeindruckt. Das Bild steht heute gerahmt auf einem Regal in ihrem Büro. Inzwischen sind wir vom Konferenzsaal dorthin gewechselt. Bunt geht es hier zu. Fotos der Kinder wechseln sich ab mit großen Gemälden. Diese seien mit eigener Hand gefertigt, erklärt sie mir später ihr Hobby, das auch zur Entspannung nach harten Verhandlungen diene. Ihre schwarze Robe hängt an einem Bügel, schnell griffbereit für den nächsten Termin bei Gericht.

1998 folgt die Wahlstation ihrer Referendarzeit beim High Commissioner for Human Rights bei der UNO in Genf. Schnell merkt sie, dass diese Welt nicht die ihre ist. »Jeden Tag kamen tausen-de Briefe von überall aus der Welt an, die z. B. die Zustände von Gefängnissen in Drittländern beklagten.« Viele Klagen kommen aber auch unerwartet aus Deutschland, Kanada und Schweden und werden gleich als irrelevant aussortiert. »Andere dagegen, die zu unangenehmen Fragen geführt hätten, verschwanden bei Vorgesetzten«, sinniert sie. In Marmorpalästen zu arbeiten und doch keine Veränderungen von beklagenswerten Umständen herbeiführen, findet sie nicht akzeptabel und entschließt sich, diesen juristischen Weg nicht weiter zu verfolgen. Zurück in Deutschland, promoviert sie im Jahr 1998 und legt das Zweite Staatsexamen ab. Wieder erlebt sie die Qual der Wahl und bewirbt sich 1999 in viele Richtungen gleichzeitig. »Ich wollte es dem Schicksal überlassen zu entscheiden«, sagt sie. Doch das Schicksal nimmt ihr diese Entscheidung nicht ab und sie wird fast überall angenommen. Richterin hätte sie werden können oder im Ministerium für Frauen und Familie anfangen. Auch eine Antwort der renommierten Kanzlei Pünder Volhard Weber & Axster, die später mit Clifford Chance fusionieren wird, ist dabei. Sie sagt zu und beginnt als Anwältin in Frankfurt, wohin ihr auch ihr späterer Mann folgt. Er ist inzwischen Gesichtschirurg und findet

eine Stelle an der Frankfurter Universitätsklinik. 2005 ist sie bereits junge Partnerin und wird gebeten, die Intellectual-Property-Abteilung, kurz IP, am Standort Düsseldorf neu aufzubauen. Es folgt ein Umzug in die Stadt am Rhein mit ihrem 2004 geborenen ersten Sohn Constantin und ihrem Mann, der sich in Kaiserswerth mit einer eigenen Praxis selbstständig macht.

In Düsseldorf muss es – wie in Frankfurt – ein Altbau sein. Die Atmosphäre und der Charme der alten Räume haben es ihr angetan, doch die Renovierung und das Anlegen eines Gartens entwickeln sich als zeitlich sehr herausfordernd. 2007 folgt die Geburt des zweiten Sohns, Gregor. »Verglichen mit anderen Paaren ist bei uns alles anders«, lacht sie einnehmend. »Mein Mann arbeitet halbtags und hält mir den Rücken frei. Wenn ich einmal einen Home-Office-Tag habe, genießen es die Kinder besonders, wenn die Mama für sie Pfannkuchen macht.« Herausforderungen im Leben, wie der gelegentlich doch als steinig empfundene Karriereweg oder auch Krankheiten, werfen sie nicht zurück. »Sie machen mich stärker und fokussierter auf das, was wirklich wichtig ist!« Auf die Frage, ob sie in ihrem heutigen Leben das Gefühl hat, ihrem Lebenstraum zu folgen, nämlich die Gesellschaft mit ihrem Beitrag zu verändern, nickt sie entschlossen. Patente und Intellectual Property stünden für alles, was Menschen entwickeln und geschützt werden soll, sagt sie. Heute geht es dabei sehr viel um neue Technologien, die digitalisierte Welt und um den Schutz von Künstlicher Intelligenz, Lizenzen, Urheberschaft oder Arzneimitteln. »Durch die Beratung meiner Mandanten erlebe ich die ganze Bandbreite bei der Entwicklung neuer Produkte. Ich finde es enorm spannend, an der Entwicklung der Zukunft mitzuarbeiten.« Sie erzählt sehr lebhaft und man merkt ihr an, wie leidenschaftlich sie bei der Sache ist. Ihre Augen strahlen und sprühen, wenn sie über Patent-

recht, Urheberrecht oder neue Technologien spricht. »Ich bin ein unruhiger Mensch«, sagt sie und meint ihre breit gefächerten Interessengebiete. Die Neugier treibt sie voran, auch das Kennenlernen von solchen Branchen, von denen sie früher noch nie gehört hat. Sie vertieft sich in jede Materie, erkundet die Sorgen und Fragen der Mandanten und ist viel gefragt. »Ich gehöre wohl zu denen, die von uns Partnern in Deutschland die meisten Vorträge hält«, sagt sie und lacht. »Das hätte ich mir als scheue junge Referendarin nie erträumt!« Als Partnerin leitet sie heute den Bereich IP und die Tech Gruppe in Deutschland. Ihre berufliche Welt ist sehr von Männern dominiert, doch Claudia Milbradt wird gehört. Sie hat Spaß mit ihrem jungen Team und an den intellektuellen Herausforderungen, die das tägliche Neue mit sich bringt. Nebenbei hat sie noch drei Fachbücher geschrieben und herausgebracht.

Ihre Zukunft sieht sie darin, sich intensiver den Fragen der Künstlichen Intelligenz zu widmen. Es sind Fragen, die mit Ethik und Diversity zu tun haben, erklärt sie; Fragen, die die Gesamtbevölkerung weltweit betreffen. »Ein voreingenommener Mensch ist nicht so schlimm wie eine von voreingenommenen Menschen programmierte Maschine. Menschen kann ich versuchen zu beeinflussen«, erklärt sie, »die Maschine zählt nur 1 + 1 + 1 und sortiert im Auswahlverfahren. Diesen Alptraum zu überwinden, das ist meine größte Zukunftsvision, mit der ich mich noch lange beschäftigen werde.« Immer wieder ist es das Gesellschaftspolitische, das sie antreibt. Was macht man mit Künstlicher Intelligenz, was macht sie mit uns, wie kann der Mensch sich stärker einbringen? Und wie kann sie ihre Kinder auf die Welt vorbereiten, die sie in ihrer Arbeit täglich erlebt? Denn ihre Kinder stehen für sie an oberster Stelle. Über die Frage, wie eine Frau Familie und Karriere vereinen könne, zeigt sie nur Unverständnis. Es liege an der eigenen Orga-

> **Ich finde es enorm spannend, an der Entwicklung der Zukunft mitzuarbeiten.**
>
> Dr. Claudia Milbradt

nisation, meint sie. Und fügt mit Nachdruck hinzu, dass eine solche Frage einem Mann nie gestellt würde. Bestimmte Kommunikationsmuster seien ihrer Meinung nach noch sehr verbesserungswürdig, auch wenn die Gleichberechtigung in den letzten Jahren viele Fortschritte vorweisen könne. Verbesserungswürdig sei auch immer noch die Quote der Frauen im Berufsleben. Wobei sie der viel diskutierten gesetzlichen Frauenquote mit Skepsis begegnet. Bei den jungen Rechtsanwälten der Kanzlei sei der Frauenanteil noch ungefähr gleich hoch wie der der Männer, nicht jedoch auf der Ebene der Partner, wo Frauen nur ca. 15 Prozent ausmachten. Frauen müssten immer noch mehr für die eigene Vermarktung ihrer Leistung und ihres Könnens kämpfen, erklärt sie. »Wir sollten dabei lernen, nicht so verbissen zu sein. Werden wir lockerer, dann klappt einiges besser.« Über Tipps, die sie in ihrer Anfangszeit von weiblichen Coachs bekommen habe, wie man als Frau im Beruf erfolgreich vorankommt, lacht sie heute. »Ich sollte den Kopf in Verhandlungen nicht schiefhalten oder die Haare nicht zum Pferdeschwanz binden«, schmunzelt sie. Man sollte nicht zu weiblich auftreten, sei damit wohl gemeint gewesen, und eher dem Beispiel der männlichen Kollegen folgen. Lieber folgt sie dem Rat ihres Mannes, der ihr die männliche Sichtweise erklärt: »Männer hinterfragen nicht so viel und legen nicht jede Äußerung auf die Goldwaage, so wie Du.« Seitdem glaubt sie souveräner an sich selbst und rechtfertigt sich nicht mehr, so wie es Frauen nach ihrer Meinung oft noch glauben tun zu müssen. Noch einmal auf die Emotionalität des Berufs zurückkommend, erklärt sie: »Ich führe Vertragsverhandlungen und trete auch vor Gericht auf.« Dort sei Psychologie gefragt, um voraussehen zu können, wie ein Richter denkt und empfindet. Eine gute Intuition sei wichtiger als alles, was eine Künstliche Intelligenz an Vorbereitung liefere. »In Vertragsverhandlungen muss man sowohl guter Taktiker als auch gu-

ter Bluffer sein.« Schauspieltalent gehöre ebenso dazu. So würden Emotionen durchaus einen sehr großen Anteil am Berufsleben eines Rechtsanwalts haben. Und starke Nerven.

Aus der Kunst und der Natur schöpft Dr. Claudia Milbradt ihre Kraft. »Vor meinem Jurastudium hatte ich zwischen Bio-Chemie und Kunst hin- und herüberlegt«, lacht sie. Heute ist das Malen fester Bestandteil ihres Lebens, wie auch die Musik. »Als mein Sohn mit fünf anfing, Klavier zu lernen, habe ich mich angeschlossen.« Bis heute ist der Samstagmorgen für den Klavierlehrer reserviert. Und nach dem Üben geht es ins Grüne mit dem Hund, den Söhnen und ihrem Mann.

Petra Motte

Menschen in Veränderung sind ihre Leidenschaft

Petra Motte geb. Gerstengarbe wurde 1967 in Wuppertal geboren. Nach dem Abitur 1986 am dortigen Carl-Duisberg-Gymnasium absolvierte sie eine kaufmännischen Ausbildung, entdeckte ihr Talent im Umgang mit anderen Menschen, machte, gefördert von ihrem Abteilungsleiter, diverse Weiterbildungen und studierte abends an der Technischen Akademie Wuppertal Betriebswirtschaft mit den Schwerpunkten Weiterbildung und Personalführung. Während eines längeren Aufenthalts in Manila studierte sie dann Berufspädagogik, Arbeitssoziologie und Arbeitspsychologie. Über Kontakte der deutschen Community bekam sie bereits im ersten Semester Anfragen, renommierte Firmen vor Ort in Personalfragen zu begleiten. Im Jahr 2000 wechselte sie mit ihrem Mann für vier Jahre nach Bangkok, wo sie in der psychologischen Beratungsstelle einer Klinik mit internationalen Führungskräften arbeitete, die Schwierigkeiten mit der thailändischen Kultur hatten. Zurück in Deutschland, wagte sie 2004 einen beruflichen Neustart und arbeitete sich in das neue Berufsbildungsgesetz ein, um anschließend Mitarbeiter mittelständischer Unternehmen zu schulen. Von 2008 bis 2012 folgte ein weiterer Auslandsaufenthalt, dieses Mal in Singapur, und dort die Ausbildung als interkulturelle Trainerin. Heute arbeitet Petra Motte in dieser Funktion für internationale Konzerne, ist Dozentin an der Dualen Hochschule Baden-Württemberg und hat noch eine weitere Ausbildung als Coach, Mediatorin und Change-Managerin an der Universität zu Köln absolviert.

Am 11. Dezember 1999 erschüttert ein Erdbeben der Stärke 7,5 Manila. Petra Motte, die dieses Ereignis hautnah mit ihren beiden kleinen Kindern erlebt, erkennt augenblicklich, dass in so einem Moment alles Materielle Makulatur ist. »Dass ich mich auf mich selbst verlassen konnte, war für mich das Wichtigste«, blickt die stets gut Gelaunte auf die bangen Minuten zurück, und schließt daraus: »Wenn du dich auf dich selbst verlassen kannst, merken das auch andere. Doch wer sich selbst nicht spürt, kann auch andere nicht wahrnehmen.«

Heute vergleicht sie das gerne mit der Arbeit in einem Garten: »Pflanzen geben mir wieder, was ich ihnen gegeben habe. Jeder der mit Führung zu tun hat, sollte ein bisschen gärtnern, zumindest im Kopf. Manche Pflanzen brauchen Schatten, andere Schutz vor Regen, und einige wollen wachsen, wie sie wollen, und brauchen Platz. Das gilt es zu akzeptieren. Damit sind wir genau bei der modernen Führung: empathisch, agil und ›bottom up‹.«

Geboren wird Petra 1967 in Wuppertal als Einzelkind. Ein Wunschkind, das die Eltern, selbst Kriegskinder, lange herbeigesehnt haben. Ihr Leben aus nicht erfüllten Träumen bekommt damit einen neuen Sinn. »Ich war ihr Fixstern«, erinnert sie sich. Das Mädchen wächst in einfachen, von sehr viel Liebe geprägten Verhältnissen auf. »Ich hätte zum Mond fliegen oder einen Blumenladen eröffnen können, sie hätten mich in allem unterstützt.« Als positiv denkender Mensch mit einem unverwüstlichen Optimismus geht sie seitdem durchs Leben. »Für meine Umwelt ist das manchmal schwierig, denn ich wache jeden Morgen unerträglich gut gelaunt auf«, gibt sie lachend zu. Aus der Bahn wirft sie der Tod des ersten Freundes, und nur dank der Unterstützung ihrer Lehrer schafft Petra 1986 ihr Abitur. »Rebellierend und pubertär wie ich war, bin ich nicht zu meiner eigenen Abifeier gegangen, sondern lieber in Urlaub gefahren«, schaut sie bedauernd zurück. Ihre Mutter hat sich bereits ein Kleid für den festlichen Anlass ausgesucht. »Ich habe mir das nie verziehen und geschworen, bei solchen Feiern meiner eigenen Kinder immer da zu sein.«

Petra sucht Struktur und Bodenhaftung und beginnt eine kaufmännische Ausbildung bei einem Hersteller für Autolacke. Spannend findet sie hier von Anfang an den Kontakt der Menschen untereinander. Als es darum geht, auf einer Firmenveranstaltung die eigene Abteilung vorzustellen, hat die junge Auszubildende keine Scheu, die Präsentation zu übernehmen. Ihr Chef ist beeindruckt und wird später ihr Mentor, ermöglicht ihr berufsbegleitende Maßnahmen wie den Ausbilderschein oder Rhetorikseminare. »Warum kommen die anderen Mitarbeiter zu Dir und nicht zu mir«?, fragt er eines Tages die junge Kauffrau, die aus der Intuition heraus handelt. Da wird ihr klar: »Das ist genau mein Ding. Ich kann nichts anderes, ich will nichts anderes.« Ihren Mann Achim lernt sie 1987 noch während der Ausbildung kennen. Dem Abteilungsleiter bringt sie eines Tages eine Pflanze zur Verschönerung seines Büros, wofür sich der mit einer Einladung zum Abendessen revanchiert. »Seitdem sind wir ein Paar.«

Im Jahr 1994 beginnt Petra das Abendstudium an der Technischen Akademie Wuppertal. Im Eiltempo

> Das Wesentliche ist
> für das Auge unsichtbar.

Antoine de St. Exupery, Der kleine Prinz

schafft sie die Prüfung zur Betriebswirtin VWA – und muss erfahren, dass es für sie mit dieser Qualifikation keine Stelle im Unternehmen gibt, außer der ihres Chefs. Die »flotte Motte« disponiert um, und das Paar beginnt mit der Familienplanung. Als Achim von seiner Firma für längere Zeit nach Manila geschickt werden soll, ist das kein Hindernis. Tochter Jenny wird 1997 auf den Philippinen geboren, Sohn Sebastian zwei Jahre später. Das hält die junge Mutter nicht davon ab, an der Fernuni Hagen ein Studium der Berufspädagogik, Arbeitssoziologie und Arbeitspsychologie zu beginnen. »Vom 1. Semester an sprach sich das in der deutschen Community herum, und ich bekam erste Anfragen von großen Firmen und einigen technischen Instituten.« Die freiberuflichen Jobs machen ihr große Freude. Es geht um die Teams, die nicht motiviert sind, um Führungskräfte, die nicht bei ihren Mitarbeitern ankommen – und um unterschiedliche Kulturen. »Ob Amerikaner, Deutsche, Filipinos oder Chinesen, jeder ging zunächst von seinen Werten aus«, erlebt Petra Motte. Das betrifft nicht nur Pünktlichkeit, Distanz und Nähe sowie Leitbilder, sondern vielmehr auch, was Führungsfiguren für den einzelnen bedeuten: »Ein Malaie würde den amerikanischen Chef aus Höflichkeit nie aus eigenen Stücken ansprechen, was der aber von ihm erwartet.« Interkulturalität ist noch ein Fremdwort, und Petra findet es wunderbar, diese Welt für sich zu entdecken. Die Kinder sind pflegeleicht, und so kann sie sich in ihrer Kreativität entfalten, lernt zu improvisieren und eigene Potentiale zu entdecken. »Ich habe mir Spiele ausgedacht und Materialien gebastelt, da es diese zu dem Zeitpunkt in der Art noch nicht gab«, berichtet sie lachend. Weil genau das völlig unerwartet ist, wird es von den Kunden mit Begeisterung angenommen.

Von 2000 bis 2004 wird Bangkok das zweite ausländische Zuhause der jungen Familie. Petra arbeitet dort in der psychologischen Beratungsstelle eines Krankenhauses. Ihre Aufgabe ist es, mit Führungskräften zusammenzuarbeiten, die an der thailändischen Kultur verzweifelt und gestrandet sind. Die Ursachen erkennt sie schnell: »Viele wurden von Schreibtischtätern geschickt. Sie bekamen einen Fahrer, eine eigene Sekretärin und alles was sie sonst brauchten. Die Sensibilitäten der fremden Kultur wurden ignoriert. Dazu kam ein immenser Erfolgsdruck aus dem Headquarter.« Führungskräfte selbst glauben, ein bestimmtes Bild abzugeben, sind aber in Wirklichkeit anders. »Den Menschen mit seinen eigenen Ressourcen zu verbinden, damit er aus eigenen Mitteln Lösungen findet, war mein Ziel.« Viele ihrer Klienten leiden an Burnout, Schlaflosigkeit und Partnerschaftsproblemen; auch die Kinder sind meist betroffen. »Wann hat es aufgehört schön zu sein?«, fragt die Trainerin und beginnt, »die Flügel wieder aufzurichten«.

2004 kehren die Mottes zurück ins deutsche Wermelskirchen, um die Tochter einzuschulen und beide Kinder wieder an die deutsche Sprache und Kultur heranzuführen. Für Petra heißt das: beruflicher Neustart und alte Kontakte reaktivieren. »Ich bin schwer auf die Nase gefallen, weil ich aus der Bangkokerfahrung heraus meinte, das Bergische Land brauche interkulturelle Trainings.« Stattdessen konfrontiert man sie mit dem Problem, dass Industriemeistern ein neues Berufsbildungsgesetz vermittelt werden solle, aber niemand wisse, wie man das bewerkstelligt. Mit einem Stapel DIN-A4-Blätter kehrt sie an ihren Schreibtisch zurück und erkennt: »Wie cool ist das denn? Was ich im Studium gelernt hatte, kam nun auf meinen Tisch. Berufspädagogik, Didaktik, wie mache ich Unterricht interessant, Lerninsel, Lernwerkstätten – das wurde mein Eldorado.«

In einem Berufsbildungszentrum hält sie ihr erstes Seminar in Deutschland – und wird danach gefragt: »Was haben sie mit unseren Meistern gemacht? Die wollen mehr!« Weiterbildungen für sämtliche Mittelständler in der Region folgen, und Seminartouristen folgen der »flotten Motte«. Themen wie Mitarbeitergespräche, Körpersprache,

Beurteilungen kommen hinzu. Eines Tages klingelt das Telefon; das deutschsprachige Ministerium im belgischen Eupen sucht jemanden für ein Telefontraining. Mehrere Versuche mit anderen Trainern sind bereits gescheitert. »Ich holte in meinen Seminaren die Leute da ab, wo sie waren. ›Du sagst mir deine Expertise, ich zeige meinen Werkzeugkasten, wir drehen an ein paar Schrauben, dann wird's was‹, war mein Motto.« Auch ein Professor und Verleger erfährt von der erfolgreichen Trainerin, ruft sie an und fragt, ob sie für ihn ein lebendiges Buch schreiben könne über Präsentationstraining – unter seinem Namen. Dazu ist sie nicht bereit und erteilt ihm eine Absage. Kurz darauf meldet sich ein wütender Professor zurück und gibt ihr den Auftrag, das Buch doch unter ihrem eigenen Namen zu schreiben. So entsteht die erste Publikation, der noch zahlreiche Veröffentlichungen folgen sollen.

Das interkulturelle Thema lässt sie auch da nicht los: »Ich fand schade, dass es schlummerte.« Als sich 2008 noch einmal die Möglichkeit bietet, ins Ausland zu gehen, ist der Moment gekommen, es »aufzuwecken«. In Singapur arbeitet Petra Motte bis 2012 als freiberufliche Beraterin, Coach und Seminarleiterin – und macht noch die Ausbildung als interkulturelle Trainerin. Zurück in der Heimat, gründet sie ihre Firma Movasis. Das per-

fekte Datum dafür hat sie von einem asiatischen Handleser bekommen. Es ist der Geburtstag ihres Vaters. Und als sie jetzt wieder die alten Kontakte reaktiviert, ist es genau der richtige Moment: »Wir brauchen Sie, und zwar sofort«, heißt es bei internationalen Konzernen. »So schnell konnte ich gar nicht gucken.« Sie zeigt mit einfachen Mitteln aus ihrer Manilazeit, wie interkulturelle und englischsprachige Präsentationen funktionieren, und motiviert ihre Klienten, wenn der Satz kommt »Ich kann das nicht!«, indem sie umformuliert in »du kannst das *noch* nicht.« Bei allem Erfolg kommen nun immer mehr Emotionen und ungelöste Probleme der Klienten zur Sprache, bei denen sie helfen soll. »Ich muss mich schützen«, erkennt sie und beginnt 2017 schließlich noch die Ausbildung in Coaching und Mediation. »Damit hat sich für mich der Kreis geschlossen«, sagt Petra Motte, die heute nebenbei als Dozentin für interkulturelles Training, Soft Skills und Sozialkompetenzen an der Dualen Hochschule Baden-Württemberg lehrt.

Ruhige Momente findet die Powerfrau beim Golfen und Tauchen und entwickelt bei der Beobachtung der Unterwasserwelt Ideen, wie Teams besser funktionieren. Sie spielt Saxophon und hat sich gerade gemeinsam mit ihrer Familie ihr »privates Exil« an der niederländisches Küste eingerichtet, das ihr als Energie- und Kraftort dient.

Katja Pütter-Ammer
Von Herzen
Medizinerin

Katja Pütter wurde 1967 als älteres von zwei Kindern in Iserlohn geboren. Ihr Vater, Doktor der Medizin, leitete das Arzneimittelunternehmen MEDICE in zweiter Generation. Nach ihrem Abitur verbrachte sie zuerst ein Auslandsjahr in der Schweiz, bevor sie von 1988 bis 1994 Medizin an der Freien Universität Berlin studierte. Parallel dazu absolvierte sie von 1991 bis 1994 einen Magisterstudiengang an der Fernuniversität Hagen in Philosophie, Literatur und Politikwissenschaften. Von 1994 bis 1997 arbeitete sie als Ärztin in der Kardiologie an der Münchner Universitätsklinik. Bis 2000 war sie als forschende Medizinerin an der Tuft University in Boston tätig, belegte Wirtschaftskurse an der Harvard University und erlangte dort ihr Certificate of Business Administration. Um vor dem Eintritt ins Familienunternehmen MEDICE in Iserlohn praktische Erfahrungen zu sammeln, arbeitete sie von 2000 bis 2002 bei SmithKline Beecham in München und studierte parallel in Witten-Herdecke, wo sie im Jahr 2001 ihren Master of Science in Pharmaceutical Medicine erlangte. Seit 2002 arbeitet sie im Familienunternehmen, zunächst als medizinische Direktorin, bevor sie 2003 in die Geschäftsführung eintrat.

Drei auffällig gemusterte Teppiche liegen im brandneuen Entree des Verwaltungsgebäudes von MEDICE im sauerländischen Iserlohn. Erinnerungen werden wach an die berühmte Punk-Designerin Vivienne Westwood und sind auch gewollt. Denn von ihr stammen die eben gelieferten Carpets. Doch was hat Design mit einem eher konservativ ausgerichteten Hersteller von Medikamenten gemein? Bei einer Führung durchs Haus wird klar: Hier entspricht wenig den gängigen Vorstellungen einer klinisch-nüchternen Produktion von Pharmazeutika. Erst im Mai 2019 fertiggestellt, bietet das Interieur der Verwaltung so manche Überraschung. Die modisch gekleidete Geschäftsführerin klärt auf: »Mit diesem von Juan Pablo Molestina entworfenen Gebäude wollen wir die neue Welt darstellen.«

,, Das Positive findet man in sich selbst. "

Dr. Katja Pütter-Ammer

Katja Pütter-Ammer führt mit ihrem Mann das Familienunternehmen, das ihr Großvater 1949 gründete, in dritter Generation. »Passend zur Unternehmensphilosophie setzt das neue Gebäude ein Zeichen für unsere Unternehmenskultur.« Was die sympathische Managerin meint, ist überall sichtbar: begrünte Balkonfronten nach Süden, viel Glas und geräumige Innenbereiche mit Tageslichteinfall, die als Arbeits- und Aufenthaltszonen genutzt werden. Auch Nachhaltigkeit habe eine große Rolle bei der Planung des Gebäudes gespielt. So könne der Energiebedarf von den bereits vorhandenen beiden Blockheizkraftwerken problemlos gedeckt werden. Nachhaltigkeit, die mit dem Energy Masters Award 2013 ausgezeichnet wird.

Im obersten Stockwerk angekommen, führt der Blick durch einen großzügig konzipierten Schacht in die beiden darunter liegenden Ebenen. Jede ist farblich anders gekennzeichnet und hat eigene, ungewöhnliche Merkmale. So wie die an der Decke angebrachte Sitzschaukel im grünen ersten Obergeschoss, die sehr schicken modernen Sitzmöbel im blauen Mittelgeschoss und der stylische Tischfussballkicker auf dem gelben Teppich in der dritten Etage. Jetzt schon, nur einem Monat nach Bezug, habe sich die interne Kommunikation bereits fühlbar verbessert, erklärt Dr. Pütter-Ammer. Lockere Treffen in den Aufenthaltszonen führten zu einem ungezwungenen Miteinander, das auch in der Freizeit, etwa beim Fitness-Angebot, fortgeführt werden kann. Auch seien alle Mitarbeiter untereinander vernetzt. Digitalisierung und Teamarbeit sind bei MEDICE gelebte Schlagworte, wie auch eine angenehme Atmosphäre. »Ich lege viel Wert darauf, dass sich unser Team wohlfühlt, und deswegen wird in unserer Kantine Bio-Essen angeboten. Auf unserer Speisekarte stehen nur ausgewählte Fleisch- und Wurstartikel, die für einen respektvollen Umgang mit dem ganzen Tier stehen.« Dass an diesem Ort früher einmal eine eigene Landwirtschaft von der Familie bewirtschaftet wurde, ist kaum vorstellbar. »Dort hinten«, zeigt die dunkelhaarige Frau auf ein Lagergebäude, »befand sich die Trakehnerzucht meines Großvaters. Daraus stammte Remus, mit dem sich der Springreiter Harry Boldt bei den Olympischen Spielen in Tokio 1964 eine Silbermedaille sicherte.« Doch wie entwickelte sich der Betrieb von

Landwirtschaft und Trakehnerzucht zu einem der erfolgreichsten Unternehmen in der deutschen Arzneimittelindustrie? Gustav Pütter erkrankt in den 20er Jahren des letzten Jahrhunderts als Kind an Tuberkulose und wird von den Ärzten aufgegeben. Doch wie alle nachfolgenden Pütters zeichnet er sich durch seine Kämpfernatur aus. »Er hat viel gelesen und für die Medizin Feuer gefangen«, erzählt seine Enkelin. »Später machte er dann eine Heilpraktiker-Ausbildung und wurde beauftragt, die Arzneimittelversorgung in der britischen Besatzungszone sicherzustellen. Im Jahr 1949 gründete er die Firma MEDICE in Iserlohn.« 1952 entwickelt er eine nach ihm benannte Methode der Kompressionstherapie, den Pütterverband, und 1953 das bis heute bei Erkältungen eingesetzte Präparat Meditonsin. Dass sein Sohn Sigurd Pütter Medizin studieren soll und auch will, wird nie in Frage gestellt. 1977 tritt er in das Familienunternehmen ein, behält jedoch seine Arztpraxis in unmittelbarer Nachbarschaft.

1967 wird Katja Pütter als erstes von zwei Kindern in Iserlohn geboren. »Ich wollte nach dem Abitur Medizin studieren – das war mir immer schon klar«, erinnert sie sich, »jedoch nicht unbedingt, um später in das Unternehmen einzusteigen.« Bevor sie an der Freien Universität in Berlin 1988 ihr Studium aufnimmt, haben ihre Eltern ein Auslandsjahr in einem Pensionat in der Schweiz für sie eingeplant, damit sie Sprachen lernt. Das Jahr in der Schweiz beendet sie mit dem Diplom der Alliance Française und einem Cambridge-Examen. Darüber hinaus lernt sie Schüler aus der ganzen Welt kennen, was sie bis heute bereichert.

Die folgende Zeit in Berlin erlebt Katja als krasses Gegenteil zu ihrem bisherigen behüteten Leben. »Die Großstadt und die alternative Szene der Universitätskultur – was für ein Kontrastprogramm!« Dass sie Tochter eines erfolgreichen Unternehmers ist, verschweigt die junge Studentin, und gibt sich als Kind eines niedergelassenen Arztes in Iserlohn aus. »Als über die Eltern eines Kommilitonen herauskam, dass dies nur der halben Wahrheit entsprach, musste ich mir einiges anhören.« Warum sie denn überhaupt studiere, das habe sie doch nicht nötig – so lauten nur einige der Vorurteile, mit denen sie sich konfrontiert sieht, und über die sie sich bis heute ärgert. Ohne sich

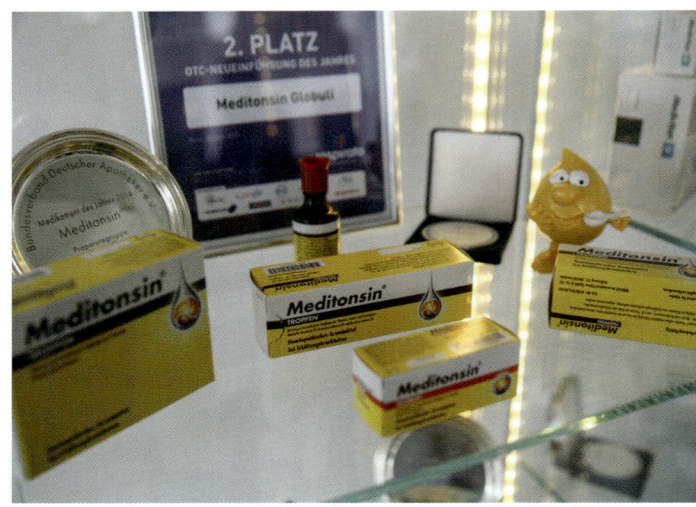

jedoch von negativen Äußerungen beeindrucken zu lassen, beschließt sie, parallel zur Medizin ein Fernstudium in Philosophie, Politikwissenschaften und Literatur zu absolvieren. Und sieht sich wieder mit Fragen Dritter konfrontiert, wozu sie sich damit auch noch abmühe. Dass sie studiert, um ihre Allgemeinbildung zu fördern, können viele nicht nachvollziehen. Doch später wird es ihr zugute kommen.

Nach Beendigung ihres Medizinstudiums im Jahr 1994 bewirbt sich Katja an der Münchener Universitätsklinik als Assistenzärztin – sie ist eine von unzähligen Bewerberinnen für diesen Posten. Beim Bewerbungsinterview kommt auch ihr zweites Studium zur Sprache. Der Chefarzt der Kardiologie in der Universitätsklinik ist beeindruckt von ihren philosophischen Kenntnissen und gibt ihr die Stelle. Hier lernt sie auch ihren späteren Mann, Richard Ammer, kennen, der parallel zu seinem Medizinstudium noch Wirtschaftswissenschaften in St. Gallen studiert. 1998 folgt sie ihm nach Boston, wo sie bis 2000 an der Tuft University als Gastmedizinerin forscht und nebenbei ihr Certificate of Business Administration an der Graduate School in Harvard erlangt. Es ist eine unvergessliche Zeit für Katja Pütter. Sie lernt viele Men-

schen kennen und es zeichnen sich interessante berufliche Chancen für das Paar ab. »Dann kam der Anruf meines Vaters«, erinnert sie sich an den ersten Schritt zurück in die Heimat. »Ich sollte das Unternehmen übernehmen und zurück nach Deutschland kommen.« Von Boston nach Iserlohn – ganz bereit ist sie für diesen Schritt dann doch nicht. »Ich wollte noch weitere berufliche Erfahrungen sammeln, bevor ich mich endgültig für MEDICE entscheide«, erklärt sie ihren darauf folgenden Schritt. »Für die nächsten zwei Jahre ging ich zu SmithKline Beecham nach München.« Zunächst ist sie als Medical Marketing Manager und schließlich als Product Manager tätig. Parallel belegt sie noch ein Studium in Witten-Herdecke und erlangt 2001 ihren Master of Science in Pharmaceutical Medicine. Da ist sie bereits seit einem Jahr verheiratet, wozu ihr Mann später äußert: »Ich habe ein ganzes Paket mit allen Strukturen geheiratet.« Auch er tritt später in die Geschäftsleitung des Unternehmens ein.

2002 ist es zunächst für Dr. Katja Pütter-Ammer so weit. Sie kommt als medizinische Direktorin ins Familienunternehmen und tritt 2003 in die Geschäftsführung ein. Kurz darauf folgt ihr Mann als weiterer Geschäftsführer. Gemeinsam bringen

sie das Unternehmen auf weiteren Wachstums-
kurs. Mit der Einführung von Medikinet retard, einer Eigenentwicklung zur verbesserten Therapie
von ADHS, im Jahr 2005 avanciert MEDICE zum
Marktführer in der Behandlung von ADHS bei Kindern und Jugendlichen. Auch auf dem Gebiet der
Nierenheilkunde werden in den folgenden Jahren
neue medizinische Produkte entwickelt. 2008
steht der Internationalisierung des erfolgreichen
Unternehmens nichts mehr im Wege. »Heute
deckt unser eigenes Vertriebsnetz nicht nur ganz
Europa ab, sondern auch relevante Märkte in
Asien und Südamerika«, erklärt sie und zeigt auf
eine Übersichtskarte. »In vielen Ländern haben
wir eigene Niederlassungen, so auch in Russland.
Insgesamt sind wir auf fast 50 Märkten tätig.«

Trotz eines hohen Arbeitspensums bleibt noch
Zeit fürs menschliche Miteinander, nicht nur im
Unternehmen. 2004 wird Tochter Carolyn geboren,
im Jahr 2005 Sohn Philipp. Um den Kindern zu
ermöglichen, unbeobachtet aufzuwachsen und
später keinen Vorurteilen zu begegnen wie die
Mutter, gehen die Kinder in Dortmund zur Schule.
Gern wandern sie, wenn die Zeit es zulässt, mit
den beiden Hunden Benni und Elli durch die
nahe gelegenen Wälder. Genauso gern setzt

sich Katja Pütter-Ammer aber auch nach getaner
Arbeit ans Klavier. »Dabei kommen mir immer
die besten Ideen.« Dass sie viele davon umgesetzt hat, spürt man beim Betrachten der Unternehmenskultur. »Im Mittelpunkt stehen immer
der Mensch und der verantwortungsvolle Umgang mit seinen Bedürfnissen«, erklärt die um-
sichtige Unternehmerin. »Caring with Passion ist
unsere Philosophie, die wir Tag für Tag gemeinsam leben.« Dabei denkt sie nicht nur an ihre
Kunden aus aller Welt. »Wir legen großen Wert
auf die Förderung unseres Teams«, sagt sie. Das
MediCampus bietet ein umfangreiches Weiter-
bildungsprogramm in den Rubriken IT, Sprachen
und Methodenkompetenz, und in der Rubrik
MediMove ein breites Sportangebot mit Fitness-
center unter fachmännischer Leitung.

Und die eigene Kraft? Woher nimmt Katja Pütter-
Ammer die Energie, um sowohl Mutter als auch
Leiterin des Familienunternehmens zu sein, nicht
nur gegenüber der Tradition ihrer Familie, sondern
auch ihren vielen Mitarbeitern verpflichtet? »Das
Positive findet man in sich selbst«, sagt sie. »Man
muss nur daran glauben, dann ist es da.«

Martina Richter

Unkonventionelle Erfinderin mit kommunikativem Talent

Martina Richter geb. Weitmann wurde 1963 in Stockholm als älteste von drei Geschwistern geboren. 1970 wanderte die Familie nach Portugal aus und kehrte im Zuge der Nelkenrevolution 1974 zurück nach Schweden, wo Martina die amerikanische High School absolvierte. Es folgte eine Banklehre in Köln. Nach dem Abschluss arbeitete sie für den Deutschlandfunk und machte sich 1987 mit der Organisation von internationalen Modeschauen für das Imotex in Düsseldorf selbstständig. Nach ihrer ersten Heirat 1991 stieg sie in die Werbeagentur ihres Mannes ein und arbeitete 1998 als Pressesprecherin für die MMC Studios in Hürth. Nach der Trennung von ihrem Mann ging sie mit ihren beiden Kindern 2000 nach Stockholm zurück. Als Geschäftsführerin entwickelte sie für ein Schweizer Medienunternehmen weltweite Anzeigenkampagnen, bevor sie 2004 ihre erste Kosmetiklinie auf den Markt brachte. Im gleichen Jahr gründete sie ihr Unternehmen New Medic Era und 2007 die von ihr geleitete InjectAcademy an mehreren Standorten in Schweden.

Eine Ärztin und eine Kosmetikunternehmerin treffen sich in der Lobby eines Grand-Hotels im Zentrum von Köln. Sie wollen sich über Hautprobleme, Lösungsansätze zu deren Behandlung und neueste Forschungsergebnisse austauschen. Die modisch gekleideten Frauen begrüßen sich, geben sich die Hand und durchschreiten die ehrwürdige Halle. Plötzlich nimmt die Unternehmerin einen kleinen bunten Ball aus ihrer Handtasche und wirft ihn einem verdutzten Hotelpagen zu. »Sie sind sehr hilfreich«, sagt sie freundlich, überreicht ihrer überraschten Gesprächspartnerin einen zweiten Ball mit den Worten »Ihr Lächeln ist ansteckend« und lächelt selber. Der Ball ist orange-neonfarben und verziert mit langen bunten Satinbändern. Bald wirbelt noch ein Ball durch die Luft, diesmal in Richtung des Chef-Concierges. »Ohne Sie hätte ich nie die ersehnten Tickets für das Musical bekommen«, lacht Martina Richter, und alle lachen mit ihr.

S päter beim High Tea erklärt sie, was es mit den Bällen auf sich hat. »Ich erlebe viele Frauen, die sich immer wieder neu verschönern wollen, aber das Gegenteil bewirken«, erklärt sie. »Durch Filler, Face-Sculpting und Botox sehen sie oft unnatürlich aus. Was führt sie eigentlich dazu, nie mit sich selbst zufrieden zu sein?« Schon mitten in ihrem Thema, erklärt sie leidenschaftlich: »Ich arbeite an Lösungen für die gesunde Haut und lehre in meiner Akademie in Stockholm, wie weit man behandeln darf, bevor ein Frau, die ein gestörtes Verhältnis zu ihrem Ich hat, verunstaltet wird.« Nachdenklich nimmt sie einen weiteren Ball in die Hand und spielt mit den bunten Bändern. »Ich denke, dass in der heutigen schnelllebigen Zeit zu wenige Komplimente gemacht werden. Die Frauen streben nach immer mehr Schönheit, immer mehr Perfektion, weil sie von außen keine Bestätigung erfahren.« Dabei seien Komplimente, so ist sich Martina Richter sicher, ausschlaggebend, um ein schwaches Selbstbewusstsein zu stärken. »Ein nettes Wort vermittelt Freude und Glücksgefühle«, erklärt sie. 2018 entwickelt sie darum ihren »KindBall«, abgeleitet vom englischen »to be kind«, den sie seitdem möglichst oft einsetzt. »Man wirft ihn einem Menschen zu und spricht ein Kompliment aus – schon freut sich mein Gegenüber, wie die Herren vorhin in der Halle.« Frei nach dem englischen Schriftsteller William Hazzlit, der schon im 18. Jahrhundert sagte: »A gentle word, a kind look, a good-natured smile can work wonders and accomplish miracles«, verkauft die mehrsprachige Schwedin ihre »KindBalls« und spendet den Erlös an verschiedene karikative Einrichtungen.

Dass sich Martina einmal in der Kosmetikforschung und Produktion einer eigenen Linie wiederfinden würde, ist lange nicht klar. Geboren 1963 in Stockholm, zieht sie im Alter von sieben Jahren mit ihren Eltern und Geschwistern nach Portugal. »Mein deutscher Vater war Architekt und bekam dort Arbeit«, erklärt sie und fügt schmunzelnd hinzu, »wir empfanden es als eine herrliche Zeit, besonders als die Nelkenrevolution ausbrach und wir nicht zur Schule mussten.« Das sieht die schwedische Mutter allerdings anders und drängt zurück nach Stockholm, um den Kindern hier den weiteren Schulbesuch zu ermöglichen. »Wir sind in dieser Zeit viel hin- und hergependelt«, erinnert

sich Martina, deren Mutter Richterin ist. »Mal besuchten wir die portugiesische Schule, mal die American High School in Stockholm.« In Schweden macht sie ihren Abschluss und kann inzwischen fließend in mehreren Sprachen kommunizieren. »Deutsch habe ich von meinem Vater, Schwedisch von meiner Mutter gelernt, Portugiesisch beim Aufenthalt in Portugal, Französisch und Spanisch im Schulunterricht und Englisch vom Stiefvater aus England und beim Besuch der amerikanischen Schule.«

Der Vater drängt nach ihrem Abitur auf eine ordentliche Ausbildung, ein Onkel aus Köln soll helfen. »Er hatte beste Kontakte zur Deutschen Bank, und so bekam ich in Köln einen Ausbildungsplatz zur Bankkauffrau.« Bald merkt die junge Schwedin jedoch, dass sie in der von Männern dominierten Finanzwelt kaum Chancen auf eine Karriere hat. »Es war eine andere Zeit«, sagt sie. Sie wechselt das Fach. »Beim Deutschlandfunk gab es eine schwedische Abteilung. Ich bewarb mich, bekam den Job und arbeitete fortan als Journalistin mit dem Spezialfach Wirtschaft in Deutschland.« Nebenbei modelt sie und entwickelt dabei ein gutes

Gespür für Ästhetik. »Ich wollte kreativ sein«, erzählt sie, »und hatte bald eine Idee, die sich als äußerst lukrativ herausstellen sollte.« Immer über Grenzen hinausdenkend, entwickelt sie ein Konzept für außergewöhnliche Modenschauen. Mit 24 Jahren macht sie sich selbstständig und reüssiert mit besonders kreativen Events auf der Creation Première des Düsseldorfer Imotex. »Zusammen mit einem amerikanischen Choreographen haben wir zum Beispiel mit Tänzern des Phantasialandes und Models aus Paris und Deutschland ungewöhnliche Modenschauen für die CPD inszeniert.« Schnell stellt sich Erfolg ein, bis sie mit 28 Jahren von Amors Pfeilen getroffen wird. »1991 lernte ich meinen ersten Mann kennen – es war für uns beide Liebe auf den ersten Blick.« 1992 wird eine große Hochzeit mit viel Prominenz gefeiert. »Heiner Lauterbach war auch dabei«, lacht Martina und wischt sich eine lange blonde Haarsträhne aus dem Gesicht.

»Dann stieg ich in die Welt der Werbung ein«, erläutert sie ihre Mitarbeit in der Agentur ihres Mannes für Film- und Fernsehproduktionen. »Ich habe viel gelernt. Unser Leben war aufregend,

mit internationalen Einsätzen und vielen Shootings mit Promis.« Doch träumt die junge Ehefrau insgeheim davon, eine eigene Hautpflegeserie zu entwickeln, die jeder nach seinem Bedarf, nach einer vorher erfolgten Hautanalyse, zusammensetzen könnte. »Obwohl ich in der Küche unserer Werbeagentur ein Labor eingebaut und dort mit einem pensionierten Professor von der Firma Henkel geforscht habe, war der Markt für eine derart neuartige Entwicklung noch nicht reif.« 1992 kommt ihre Tochter Madeleine zur Welt, gefolgt von Sohn Theo im Jahr 1994. Doch verläuft die Ehe nicht harmonisch, und nach einer Anstellung als Pressesprecherin bei den MMC Studios in Hürth entschließt sich Martina mit den Kindern nach Schweden zurückzukehren. »Wir waren beide Sturköpfe«, kann sie heute rückblickend auf ihren Neubeginn im Jahr 2000 lachend sagen.

Immer mehr richtet Martina ihre Aufmerksamkeit jetzt auf die Interessen von Frauen. Ihr großes Vorbild ist Estee Lauder. »Es gibt keine hässlichen Frauen«, sagte die Grande Dame der Kosmetik einmal, »nur Frauen, die sich nicht um sich kümmern und glauben, sie seien nicht attraktiv.« Das

macht sich Martina zum Leitmotto, lange bevor der »KindBall« zum Symbol ihres Schaffens wird. Ein Gerät, das die Haut zuverlässig analysiert, entwickelt sie weiter und führt aus, wie es dazu kam. »Ich war es leid, immer verschiedene Hautprodukte von meiner Parfümerie angeboten zu bekommen. Keines davon war auf die Belange meiner Haut ausgerichtet. Dieses Gerät bot die Lösung, und das innerhalb von nur 60 Sekunden.« 2004 – ein Jahr nach der Heirat mit ihrem zweiten Mann, Martin Richter, – entschließt sie sich zu einem Neustart und gründet New Medic Era in Stockholm. Gleichzeitig bringt sie ihre erste Hautpflegeserie SkinPlan auf den Markt, die heute in Deutschland produziert wird. Mit Herstellung und Vertrieb von mehreren marktbeherrschenden Marken für klinische Ausrüstung und Ästhetik etabliert sich die Firma als führende Anbieterin für mehr als 1000 Kliniken und Kosmetiksalons in Skandinavien und weltweit.

»Ich bin zwar keine studierte Dermatologin«, gibt die sympathische 50-Jährige zu, »aber ich konzentriere mich auf die neuesten Forschungsergebnisse und lese alle relevanten Studien.« Mit dem von

"

Ich denke immer »out of the Box«.

Martina Richter

"

ihr entwickelten »Infuzion®System« wird mit Vitaminen und Mineralien angereicherte Hyaluronsäure durch Iontophorese tief in die Hautzellen transportiert, ganz ohne den Einsatz von Nadeln. »Das Ergebnis ist sofort sichtbar«, berichtet sie begeistert, »und hilft vielen Frauen, die Angst vor Spritzen haben.« Die Wangen erhalten mehr Volumen, feine Linien und Falten sind geglättet und die Haut wird tiefenwirksam mit Feuchtigkeit versorgt. »In nur 20 Minuten wird die Haut verjüngt und bleibt mit wenigen Nachbehandlungen auch so.«

Ein wichtiger Bestandteil ihrer Forschungsarbeit findet in der InjectAcademy statt, die sie zusammen mit ihrem Mann gründet und leitet. In dieser Bildungsakademie mit Dependancen in Stockholm, Göteborg und Malmö werden Zahnärzte, Krankenschwestern und ästhetische Mediziner fortgebildet: »Wir bieten Ästhetikkurse von Experten für Experten.«

Dann holt sie eine weiße, schmale Pumpflasche aus ihrer Handtasche. »Das ist unsere neueste Erfindung«, stellt sie stolz die von ihr international patentierte Innovation auf dem Sonnenschutz-Sektor

vor. »Mit Hilfe unseres Teams ist es gelungen, eine neue, revolutionäre Sonnenschutztechnologie zu entwickeln, die den Verbrauchern erstmals die Möglichkeit gibt, sich zu 100 Prozent zu schützen.« Ein auf der Flasche integrierter Sensor zeigt dem Anwender, wie stark die Sonne im jeweiligen Moment ist. Eine Tabelle gibt die genaue Zeit in Stunden und Minuten an, die man eingesprüht in der Sonne verbringen kann, ohne die Haut zu schädigen oder zu verbrennen. »Dass der SPF-Faktor stark veraltet ist und eine falsche Information vermittelt, wie lange der Mensch sich sicher in der Sonne aufhalten kann, weiß kaum jemand«, erklärt sie mit Nachdruck. Das Produkt wird den Sonnenschutz revolutionieren, ist sie sich sicher.

Das Gespräch der beiden Frauen bei englischem Tee und Scones endet, als Hund Winner auf einen Spaziergang drängt. »Ich versuche meinen Jack Russell so oft wie möglich mitzunehmen«, sagt Martina zum Abschied und verlässt mit ihrem Terrier das Hotel schwungvoll in Richtung Rheinaue.

Francesca Santonocito

Geheimsache eigenes Unternehmen

Francesca Santonocito wurde 1959 in Italien als jüngste von vier Töchtern geboren. Ein Bruder folgte zwei Jahre später. Ihr Vater arbeitete regelmäßig als Stuckateur in Deutschland, wo er Kirchen restaurierte, ihre Mutter war Hausfrau. 1968 siedelte die Familie nach Köln um. Nach ihrer Mittleren Reife an der italienischen Schule wurde Francesca 1974 als Friseurin ausgebildet und schloss 1977 als innungsbeste Gesellin ab. Im folgenden Jahr ließ sie sich zusätzlich als Kosmetikerin ausbilden. Von 1979 bis 1994 arbeitete sie im Angestelltenverhältnis als Friseurin und Kosmetikerin in Köln. 1994 machte sie sich selbstständig, als erste in Deutschland mit einem Komplettangebot aus Sonnenstudio, Nagelstudio und Kosmetikinstitut. 2014 verkaufte sie das Studio und gründete 2016 ihr eigenes Kosmetikunternehmen Etnea. Die Unternehmerin hat zwei Kinder und zwei Enkelkinder und lebt in Köln.

> **Ich schaue immer nach vorne!**
>
> Francesca Santonocito

Der Ätna nahe Catania auf Sizilien ist der höchste aktive Vulkan Europas mit regelmäßigen Eruptionen, die einem Feuerwerk gleichen. Temperamentvoll sei er, sagen die Einheimischen, die seine Auftritte respektvoll beäugen. Temperamentvoll ist auch Francesca Santonocito, die unweit des Vulkans geboren wurde. Sie brennt für ihr neu gegründetes Kosmetikunternehmen, das sie allen Skeptikern zum Trotz im dritten Jahr erfolgreich führt.

Am Fuße des Ätna, in Catania, lebt Francesca Santonocito mit ihren Eltern und Geschwistern von 1959 bis 1968. Ganz in der Nähe wohnen die Großeltern. Besonders die Nonna mütterlicherseits ist für Francesca ein großes Vorbild und prägt ihr Denken bis heute. Oft reist der Vater beruflich nach Deutschland, um Kirchen zu restaurieren. 1966 zieht er nach Köln und holt seine Familie nach. »Meine Mutter war nicht mit dem deutschen Schulkonzept einverstanden und schickte mich auf eine italienische Schule«, erinnert Francesca, die hier ihre Mittlere Reife mit guten Noten abschließt. »Ich wollte unbedingt Maskenbildnerin werden«, sagt die dynamische Italienerin mit Hinweis auf ihren Traumberuf. »Dafür musste ich eine Ausbildung als Friseurin und Kosmetikerin vorweisen.« 1974 wird sie als Lehrling angenommen und schließt ihre Ausbildung 1977 als innungsbeste Gesellin ab. Nach einem weiteren Ausbildungsjahr zur Kosmetikerin findet sie 1979 eine Anstellung bei einem Kölner Kosmetikstudio, wo sie die nächsten 15 Jahre bleibt. »Inzwischen hatte ich mich verliebt und geheiratet«, erzählt sie. 1980 wird Daniel und 1983 Gessica geboren. »Ich hatte viel Kontakt zu meiner Familie«, freut sie sich. »Meine Mutter und meine Schwestern haben mir mit den Kindern geholfen. So konnte ich Familie und Beruf gut verbinden.« Bei der Erzählung ihres Werdegangs sprüht Francesca vor Energie. Durchsetzungsvermögen sei eines ihrer wichtigsten Eigenschaften, erzählt sie. »Sonst hätte ich heute als erfolgreiche Unternehmerin gegenüber den starken Kosmetikkonzernen kaum eine Chance.« Die Welt der Ästhetik ist die ihre – das sieht man ihr an. Sie kleidet sich modisch und schminkt sich dezent. »Dabei habe ich starke Allergien und hatte lange Jahre Probleme mit meiner Gesichtshaut«, erzählt

sie. Schon mit 15 Jahren habe ihr ein Arzt attestiert, dass sie ohne Kajal und Mascara auskommen müsse. »Für eine Italienerin undenkbar, das Haus ungeschminkt zu verlassen!« Trotz aller Versuche – »von 5 bis 600 Euro habe ich alle Produkte durchprobiert« – muss sie verzichten, bis sie eines Tages einen Bericht über Permanent Make-up liest. Kurzentschlossen besucht sie die damals einzige Anbieterin in Deutschland in Bonn, lässt sich entgegen dem Rat ihrer entsetzten Freundin behandeln und schließt 1991 selbst eine Ausbildung in Permanent Make-up ab.

Die erworbenen Kenntnisse kann sie direkt bei ihren Kundinnen anwenden und erntet ausnahmslos Begeisterung. »Warum nicht in die Selbstständigkeit gehen?«, überlegt sie. Gesagt, getan. Mit zwei weiteren Kosmetikerinnen und drei Mitarbeitern eröffnet sie 1994 ihr erstes Studio in Leverkusen. »So ein Angebot wie meines gab es noch nirgends«, erinnert sie sich. Nagelstudios sind zu dieser Zeit ein Novum in Deutschland – genauso wie Permanent Make-up. Beides führt sie ein und leitet das Geschäft zehn Jahre lang mit großem Erfolg. Während dieser Zeit folgen weitere Ausbildungen zur Lipologin und in den Bereichen dermazeutische Regeneration, Bodyforming und Anti-Aging-Behandlungen. »Trotz aller Expertise konnte ich für mich selbst jedoch keine geeignete Produkte finden.« Die Allergien plagen sie weiter. Gezwungenermaßen beschäftigt sich Francesca immer intensiver mit der Studie von Inhaltsstoffen. »Ich bin sehr an Innovationen jeglicher Art interessiert«, erklärt sie. »Der Wendepunkt in meinem Leben kam trotzdem eher zufällig.« 2012 trifft sie auf einer Veranstaltung einen Chemiker, der Rezepturen zur Produktion von kosmetischen Produkten herstellt. Am nächsten Tag ruft sie ihn an

und sie vereinbaren ein Treffen. »Er war recht erstaunt über meinen Anruf«, erinnert sie sich. »Ich hingegen war gespannt, ob er mir helfen könnte.« Viele Treffen folgen im Labor; beide tüfteln an einer neuen Creme. Tatsächlich gelingt es, ein Produkt herzustellen, auf das Francesca nicht allergisch reagiert. »Ich habe es an meinen Kundinnen ausprobiert«, erklärt sie, »mit tollen Ergebnissen. Dann wollte ich ein intensiveres Produkt entwickeln, ein Serum, das sich zum Einschleusen in die Haut eignet.« Nach vielen Labortests gelingt es, das gewünschte Produkt herzustellen – alles zunächst nur für den Eigenbedarf und als Pröbchen für einige Kundinnen, die bald darauf drängen, die Produkte zu kaufen oder wenigstens damit behandelt zu werden. 2014 zwingen Francesca gesundheitliche Probleme, das Studio aufzugeben. »Ich hatte ja mit 16 angefangen«, führt sie aus. »Nach zwei Schulter-OPs und Schmerzen in den Händen konnte ich den Beruf, den ich liebte, nicht mehr richtig ausüben.« Die Kinder hätten sich gefreut, meint sie. Endlich hätte die Mama mehr Zeit für sich und ihre Familie gehabt. Sie selbst jedoch fühlt sich leer, vermisst den Kundenkontakt und ist todtraurig. Ihre Kundinnen, zu denen sie Kontakt hält, vermissen die sympathische Kosmetikerin. »Ich habe während meiner Arbeit viele Erfahrungen sammeln können«, resümiert sie, »und dabei einiges gelernt über Inhaltsstoffe – und auch über falsche Versprechen, die oft von großen Kosmetikkonzernen gemacht werden.« Das könne sie besser, meint sie. Eine eigene Kosmetikreihe zu lancieren ist jetzt ihr Ziel. »Ein Jahr habe ich ganz geheim mit meinem Chemiker zusammengearbeitet. Niemand wusste von meinem Vorhaben, noch nicht einmal mein neuer Lebenspartner.« Bemerkt habe er nur, dass ihre Lebensenergie zurückkam und dass sie ständig an

irgendwelchen Texten und Zeichnungen an ihrem Computer arbeitete. »Ich wusste natürlich, wie groß die Herausforderung ist, sich gegen die Großen am Markt durchzusetzen – doch wer nicht wagt, der nicht gewinnt!« Sie investiert ihr ganzes Kapital in ihr Vorhaben, forscht mit dem Chemiker, entwickelt ganz allein das Verpackungsdesign, die Prospekte und eine eigene Homepage. »Glücklicherweise haben mir meine Kinder später geholfen«, seufzt sie zufrieden. »Mein Sohn ist IT-Spezialist und meine Tochter hat alle Texte redigiert.« 2016 ist es so weit. In Anlehnung an ihre Heimat und an den Vulkan nennt sie ihre Kosmetiklinie Etnea. Nach der Eintragung beim Notar ruft sie die Familie zusammen und präsentiert ihr neu gegründetes Unternehmen. »Sie waren anfangs alle skeptisch«, meint sie heute lachend im Rückblick. »Doch ich habe mich durchgesetzt – so bin ich halt. Für mich gibt es keine Niederlage, nur Lernprozesse.«

Nach knapp drei Jahren läuft ihr Unternehmen mehr als zufriedenstellend. »Mund-zu-Mund-Propaganda von meinen zufriedenen Kundinnen ist meine beste PR«, sagt sie, deren Produktpalette vier Seren, fünf Cremes und ein Augenserum einschließt – alle bis in die tiefen Hautschichten einschleusbar. Etnea ist in ganz Europa online erhältlich, wird jedoch ausschließlich in Deutschland produziert. »Verlässliche Qualität steht bei mir an erster Stelle«, erklärt die dunkelhaarige Frau., die, wenn sie Herausforderungen belasten, an die Nonna denkt, ihre Großmutter. »Als junge Witwe musste sie 10 Kinder durchbringen, von denen mehrere ein abgeschlossenes Studium vorweisen können«, erzählt sie. Sie war eine starke Frau, an der kein anderer vorbeikam. So wie Francesca Santonocito heute, die sich weder von Großkonzernen noch Skeptikern beirren lässt.

Anna Schneider
Das Gold der Meisenburg

Anna Elisabeth Schneider geb. Brauksiepe wurde 1982 als mittlere von drei Geschwistern in Essen geboren. Nach ihrem Schulabschluss absolvierte sie eine Ausbildung zur Gold- und Silberschmiedin. Ihre Gesellenprüfung legte sie nach dreieinhalb Jahren mit der Note 1 ab und bewarb sich 2003 an der HBZ (Handwerkskammer Bildungszentrum) zu Münster um die weiterführende Qualifikation zur Gold- und Silberschmiedemeisterin. Eigentlich hätte sie damals zunächst fünf Jahre als Gesellin arbeiten müssen, doch bei Vorlage ihres Gesellenstücks bekam sie eine Sondergenehmigung und wurde bereits nach einem Jahr zur jüngsten Gold- und Silberschmiedemeisterin Deutschlands ernannt. Noch bevor ihr die Urkunde im Jahr 2004 ausgehändigt wurde, machte sie sich zunächst mit einem Goldschmiedeatelier in Essen-Burgaltendorf selbstständig. Heute betreibt Sie zusammen mit Ihrem Mann Stephan Antonius die BRAUKSIEPE GOLDSCHMIEDEMANUFAKTUR in Essen-Kettwig.

Gefragt danach, was ihr Verständnis von Design bestimmt, antwortet sie: »Der Goldene Schnitt«
– ein passendes Wortspiel zu ihrem Beruf. Nachgewiesen ist der Goldene Schnitt in der mathe-
matischen Literatur seit der Zeit von Euklid in der griechischen Antike. Im 19. Jahrhundert wurde er
in der Kunst, in der Architektur und im Kunsthandwerk als ein ideales Prinzip ästhetischer Pro-
portionierung bewertet und findet sich sogar bei der Anordnung von Blättern und Blütenständen
mancher Pflanzen in der Natur wieder.

Nicht das Maß der Zeit entscheidet, wohl aber das Maß des Glücks.

Theodor Fontane

Fern von solch philosophischen Gedanken wächst Anna in einem behüteten Elternhaus auf. Der Großvater Johannes Brauksiepe war erfolgreicher Unternehmer mit eigenen Kinos und in Essen sehr bekannt – so wie Annas Eltern, die hier ein gut etabliertes Sanitär- und Heizungsunternehmen führen. Laut Annas Großmutter Elisabeth Bernadine Brauksiepe (Jahrgang 1924) stammt der Familienname aus dem Essener Süden und bezieht sich auf einen Landstrich (Im Brauke) mit einem Flüsschen (Siepe), einem steinigen Flussbett mit Rohrgeflecht, was sich auch im Wappen der Familie widerspiegelt. Als mittleres von drei Kindern wird Anna 1982 in Essen geboren. Nach ihrem Schulabschluss fängt sie eine dreijährige Ausbildung zur Gold- und Silberschmiedin an und legt nach dreieinhalb Jahren ihre Gesellenprüfung ab. Das fertige Gesellenstück, ein Armband aus Gold mit eingeschraubten Brillanten, wird mit der Note 1 bewertet. Auch bei der Meisterprüfung im Gold- und Silberschmiedehandwerk, die sie dank Sondergenehmigung bereits ein Jahr nach der Gesellenprüfung ablegen darf, erhält sie die Bestnote. So spart sie viel Zeit und wird jüngste Gold- und Silberschmiedemeisterin Deutschlands. In Anlehnung an ihre Herkunft und den Namen der BRAUKSIEPE GOLDSCHMIEDEMANUFAKTUR tragen ihre Kreationen der Meisterstempel „AB".

Angespornt durch ihren Erfolg entscheidet sie sich zur sofortigen Selbstständigkeit und eröffnet im Geschäftshaus ihrer Eltern ihre eigene kleine Goldschmiede. Sie arbeitet als »One-Woman-Show« und hat drei Vitrinen mit ausgewählten Kollektionen. Schon bald kann sie mit ihrer Goldschmiede Erfolge vorweisen. »Meine Eltern waren ja mit ihrem Unternehmen sehr bekannt und hatten einen großen Kundenstamm«, erzählt sie und schmunzelt. »In jede Rechnung legten sie meine Visitenkarte. So ermöglichten sie mir in kurzer Zeit eine gewisse Aufmerksamkeit.«

Zierlich ist die blonde junge Frau, die mir auf dem schlichten, eleganten Ledersofa gegenübersitzt. Kaum zu glauben, dass sie stundenlang den Hammer schwingt, um erlesene Stücke zu schmieden. »Unser Handwerk hat nichts gemein mit industriegefertigter Ware«, erzählt sie selbstbewusst und führt mich in die Manufaktur. Diese ist integriert in den Schauraum, eine »gläserne Manufaktur« also. »Unsere Arbeit ist laut, schmutzig und so gar nicht glamourös!«, lacht Anna und fügt hinzu: »Trotzdem möchten wir unseren Kunden nahebringen, was es bedeutet, ein Schmuckstück für sie herzustellen.« Sie reicht mir ein unansehnliches Stück Edelmetall, das mich an eine Sprungfeder aus einer Autowerkstatt erinnert, nur kleiner. »Das sind Rotgoldösen,

handgewickelt, unbearbeitetes Edelmetall«, sagt sie. Weiter geht es zu einem Werkzeug, dem sogenannten Zieheisen, das aussieht wie eine mit Löchern gestanzte Platte. »Hier ziehe ich den Rotgolddraht hindurch«, erklärt sie. Von Mal zu Mal ist das Loch im Durchmesser kleiner, so dass sie zum Schluss einen feinen Golddraht in Händen hält. Mit Walzen, Lötbrenner, Zangen, Feilen und Poliermaschinen arbeitet sie weiter – eine wahre Fülle an Werkzeugen, die alle dazu dienen, dem Kunden das Schmuckstück herstellen zu können, das er sich erträumt. »Dabei sehe ich mich nicht als Künstlerin, sondern als Designerin«, betont sie. »Ich richte mich nach der Mode und habe einen ganz eigenen Stil, der klassisch, puristisch und clean ist.« Zurück im Schauraum wandern wir von einer Vitrine zur nächsten. Ich erkenne, dass sie mit edelsten Metallen und erlesenen Edelsteinen arbeitet und dabei großen Wert auf Perfektion legt. Auch die Auszubildenden dürfen an den Edelmetallen arbeiten. »Mir liegt sehr daran, die Mitarbeiter in der Ausbildung zu motivieren«, betont Anna.

Inzwischen hat sich ihr Ehemann und heutiger Geschäftspartner zu uns gesellt. Man spürt die innige Nähe zwischen den beiden, die schon seit 2006 ein Paar sind. Dabei fing alles unvermutet und zufällig an: »Ich bin ein gläubiger Mensch«,

erzählt Stephan Schneider. »An Zufälle glaube ich nicht.« Er holt aus und erzählt eine berührende Geschichte, die offensichtlich mit einer Vorsehung begann. »Wir befanden uns beide auf der A3 kurz vorm Breitscheider Kreuz und fuhren auf zwei getrennten Spuren durch eine Baustelle.« Als ob es noch gestern sei und nicht über 14 Jahre zurückliegt, greift Anna ein und führt fort: »Irgendwann trafen sich die zwei Spuren wieder und wir hatten Blickkontakt.« An einer Tankstelle kommt es anschließend zum ersten beiläufigen Treffen mit dem Marketingexperten. »Ich hielt Anna für so ein typisches verwöhntes Mädchen, das aus einer guten Familie kommt und ein oberflächliches Leben ohne Sorgen führt«, erklärt Annas Mann, dessen kinnlange Haare und gepflegter Bart gut zum schicken Ambiente der Goldschmiedemanufaktur passen. Er zeichnet für das stylische Marketing und das Aussehen der BRAUKSIEPE GOLDSCHMIEDEMANUFAKTUR verantwortlich. »Wir nennen unser Geschäft ›Das Gold der Meisenburg‹ «, erklärt er und erzählt, wie alles begann. »Bei der ersten Begegnung auf der Autobahn ist der Funke noch nicht übergesprungen«, lacht Stephan. Nach kurzer Zeit trennen sich denn auch die Wege, doch Anna gibt dem smarten Typen ihre Visitenkarte. »Ich sah ein Schmuckstück darauf«, sagt er und spürt ein aufkeimendes Interesse. »Als Sohn ei-

nes Uhrmachermeisters verbrachte ich viel Zeit in seiner Werkstatt und lieferte in meiner Freizeit Reparaturauftragstüten an Goldschmieden und Juweliergeschäfte. So war mir dieser Beruf nicht fremd.« Nun sieht er das vermeintliche »blonde Püppchen« mit anderen Augen, da ihm bewusst ist, wie viel körperliche Kraft ein solcher Beruf erfordert. Trotzdem bleibt die Beziehung erst einmal rein freundschaftlich. Man sieht sich gelegentlich beim Einkaufen und telefoniert von Zeit zu Zeit, ohne sich jedoch ernsthaft zu verabreden – bis zu dem Moment, als der Vater von Stephan nach schwerer Krankheit stirbt. Der Sohn zieht sich daraufhin zurück. Viele Bekannte, erklärt er, hätten hierfür wenig Verständnis gezeigt – bis auf eine. »Anna rief an und war die erste, die lange, intensiv und verständnisvoll mit mir sprach. Ich war sehr überrascht, auch wegen des Altersunterschieds. Mit ihren 21 Jahren hätte ich eine solche Tiefgründigkeit und Empathie nicht erwartet.«

Neugierig auf Anna entschließt er sich, sie anlässlich einer Weihnachtsausstellung in ihrem Umfeld zu besuchen. »Es war alles sehr geschmackvoll arrangiert, aber die größte Überraschung war für mich der Kundenstamm.« Dank der Unterstützung ihrer Familie hat Anna sich von Anfang an mit allen notwendigen Gerätschaften – und einem großen Tresor – ausrüsten können, um von Beginn an hochwertigen Schmuck anzufertigen. Dieser wird entsprechend angenommen. Die Kunden kommen teils von weither. »Das Investment meiner Eltern konnte ich aus meinen Umsätzen innerhalb eines Jahres komplett zurückzahlen.« Schnell ist dem Werbe- und Marketingexperten Stephan Schneider klar: Dem Schmuck muss mehr Raum zur Darstellung gegeben werden. Er überzeugt Anna – im Sommer 2008 wird um-

gebaut. Die Gerätschaften der Werkstatt, bisher mitten im Geschäft sichtbar, werden in einem angrenzenden Raum untergebracht. Die Wände – zuvor mit goldenen Zierelementen geschmückt – erhalten einen weißen Anstrich; große Fotografien über den Vitrinen zeigen ausgesuchten Schmuck. Ein Espressoautomat wird einladend auf einem kleinen Antiktisch aufgestellt. »Ein Glück, dass meine Eltern sofort tatkräftig mit angepackt haben«, wirft Anna lachend ein. »Umgebaut haben wir abends und am Wochenende. Das Geschäft lief wie immer weiter.« 2009 stellt Anna ihre erste Auszubildende ein. In ihrer Werkstatt sei der Platz für zwei Personen sehr eng gewesen, meint sie, und ist ihren Eltern noch einmal dankbar: »Als ich ein Wochenende verreist war, haben sie den Heizungskessel umgesetzt, eine Wand gezogen und eine Toilette für die Mitarbeiterin eingebaut.« Langsam wird Anna klar, dass die ihr zur Verfügung stehende Fläche auf Dauer nicht reicht. Aus der freundschaftlichen Beziehung zwischen Stephan und der jungen Goldschmiedemeisterin ist längst Liebe geworden. Im April 2010 macht er ihr den Heiratsantrag, die Hochzeit folgt im September desselben Jahres. Sie tauschen von Anna gefertigte Ringe. Die Eheringe sind gradlinig und untermalen mit innenliegender Gravur und Brillant die Bescheidenheit der Träger.

Für ausgiebige Flitterwochen reicht die Zeit nicht, denn ein neuer, größerer Ort soll für die expandierende Manufaktur gefunden werden. »Wir wollten auf keinen Fall auf die Kö«, meint Stephan und verweist auf die bodenständige Haltung, die beiden zu eigen ist. »Ich war im Frühjahr 2011 in der hiesigen Region mit meinem Oldtimer unterwegs und sah ein komplett heruntergekommenes Anwesen an der Meisenburg-

straße in Kettwig.« Er erkennt die Möglichkeiten und die noch nutzbare Grundsubstanz. Auch Anna ist sofort begeistert von dem unter Denkmalschutz stehenden Hof, eine einst renommierte Dampfkornbrennerei aus dem Jahr 1815. In diesem Moment fällt der Entschluss: »Das machen wir beide.« Stephan gibt seinen sicheren Job in der Marketingagentur auf, um sich mit all seiner Energie dem Umbau, der Einrichtung und später der Vermarktung und Außendarstellung der Manufaktur zu widmen. Das Paar, das bisher geschäftlich getrennte Wege ging, übernimmt das Areal, restauriert das historische Bauwerk detailgetreu mit hochwertigen Materialien und modernisiert das Gebäude mit viel architektonischem Feingefühl. Dann ist es so weit. Der Ort, an dem »Das Gold der Meisenburg« entsteht, wird mit einem fulminanten Fest Mitte September 2012 eingeweiht. Nur das Beste ist gut genug. Elegante Zelte im Vorhof mit Holzfußboden und ein exquisites Catering vermitteln den Gästen das perfekte Bild einer hochwertigen Manufaktur. Dass zu diesem Zeitpunkt das Budget fast aufgebraucht ist, schreckt das Ehepaar nicht ab. »Entweder perfekt oder gar nicht«, ist die Devise. Gekrönt wird das Event mit einem Feuerwerk, wie kaum einer es je gesehen hat. Die Rechnung geht auf, die Presse berichtet begeistert; die BRAUKSIEPE GOLDSCHMIEDEMANUFAKTUR ist in aller Munde.

Inzwischen haben sich Anna und ihr Mann warmgeredet; jeder unterbricht den anderen, Anna sogar mit einer ihr nicht zuzutrauenden Lautstärke. »Ich merke das nicht«, grinst sie. »Bei mir geht es halt ständig laut zu, selbst wenn ich koche«, und Stephan ergänzt: »Sie ist eine richtige Handwerkerin, auch wenn man ihr das nicht ansieht. Wenn Kunden kommen, stellt sie das Hämmern für die Zeit des Kundenbesuchs ein.« Die Arbeit ließe sich durchaus mit der einer Karosserie-Werkstatt vergleichen, meint Anna. Mit einem Unterschied: Das geringe Ausmaß des Materials erfordere enorme Präzision und der Wert der Metalle und Edelsteine einen sehr pfleglichen und ordentlichen Umgang.

Man merkt, dass Anna für ihren Beruf brennt. Darum hat sie auch eine Vision: Die BRAUKSIEPE GOLDSCHMIEDEMANUFAKTUR soll überregional bekannter werden. »Ich möchte mit meinem Schmuck viele Menschen glücklich machen und ein Wegbegleiter sein. Wir schaffen Goldmomente für unsere Kunden und begleiten sie von der Geburt über die Taufe, Verlobung und Eheschließung bis zu Jubiläen mit ganz individuellen Schmuckstücken.«

Bei allem bleibt Anna bescheiden und hat in ihrem Mann einen Lieblingsmenschen gefunden. »Uns gibt es nur als Doppelpack und wir brauchen weder ein Haus auf Mauritius, noch schnelle Autos«, sagt sie, und gibt zu, ein Faible für Twillys von Hermès und ihren kleinen Oldtimer zu haben. »Wir sind dankbar für unsere Gesundheit und unsere gemeinsame Arbeit in der Goldschmiedemanufaktur.« Ihre Motivation, erklärt sie, finde sie in der Zufriedenheit und in den glücklichen Augen ihrer Kunden. Gleichzeitig ist ihr die Motivation ihrer Mitarbeiter eine Herzensangelegenheit. Und privat? Ein Zitat von Theodor Fontane ist sowohl Hochzeitsspruch wie auch Leitfaden und umschreibt die Philosophie von Anna und Stephan Schneider am treffendsten. »Uns gehört nur die Stunde. Und eine Stunde, wenn sie glücklich ist, ist viel. Nicht das Maß der Zeit entscheidet, wohl aber das Maß des Glücks.«

Hildegard Stausberg
Die Faszination des Unbekannten

Hildegard Stausberg wurde 1948 als jüngstes von drei Kindern in Köln geboren. Ihr Vater war Unternehmer. Nach ihrem Abitur 1967 studierte sie Rechtswissenschaft, Geschichte, Politikwissenschaft und Volkswirtschaft an den Universitäten Köln, Hamburg, Bonn und Buenos Aires. 1975 promovierte sie in Bonn. Von 1977 bis 1980 war sie Assistentin bei Prof. Dr. Karl Dietrich Bracher. Von 1980 bis 1987 betreute sie in der Nachrichtenredaktion der »Frankfurter Allgemeinen Zeitung« Lateinamerika, ab 1988 wurde sie Lateinamerika-Korrespondentin der FAZ mit Sitz in Mexiko. Ab 1993 arbeitete sie bei der »Deutschen Welle« in Köln, ab Dezember 1994 als Chefredakteurin Hörfunk aller Fremdsprachenprogramme des Deutschen Auslandsrundfunks – und damit erste Chefredakteurin einer ARD-Anstalt. Ab 1994 war sie außerdem Lehrbeauftragte für Politische Wissenschaften an den Universitäten Köln und Bonn. 1999 ging sie als Ressortleiterin Außenpolitik für die »Die WELT« nach Berlin. Heute ist die Publizistin und Historikerin u. a. als Kolumnistin für DIE WELT Gruppe tätig. Dr. Hildegard Stausberg ist Präsidiumsmitglied des Lateinamerika Verein Hamburg (LAV), sie ist im Vorstand der Deutsch-Mexikanischen Gesellschaft (DMG) und des Ibero-Clubs Bonn, ist im Beirat der Deutsch-Brasilianischen Gesellschaft Bonn/ Berlin, sie ist Initiatorin des »Latino-Hub Rheinland«, schreibt Beiträge über Lateinamerika in Fachzeitschriften, moderiert internationale Dialog-Veranstaltungen mit Lateinamerika-Bezug, entwickelt Kontaktprogramme und ist seit 2002 ehrenamtliche Vorsitzende des Kölner Presseclubs. Dieser ist für sie eine Plattform zur Stärkung der Metropolregion Rheinland.

»Kreuz über Mexiko« heißt ein Jugendbuch, bei dem es um die Verfolgung der katholischen Kirche nach der Mexikanischen Revolution geht. Die junge Hildegard Stausberg ist krank, liegt im Bett und verschlingt das Buch. Dass Mexiko später für sie ein Stück Heimat wird, ahnt sie noch nicht. Mit dem Fernweh-Virus ist sie da bereits infiziert. »Mein Großonkel August war Missionar, unter anderem in Haiti und in Zentralafrika. Im Alter trieb es ihn zurück ins Rheinland – oft kam er zu Besuch.« Weltläufig, belesen und vielsprachig, projiziert er seine nie erlöschende Sehnsucht nach der Ferne auf seine jüngste Großnichte. In einem alten Diercke Schulatlas zeigt er ihr Karten exotischer Länder und verbindet dies gleich mit kurzen Einführungen in deren jeweilige Geschichte. »Ich war fasziniert von seinen Erzählungen und den vielen mir unbekannten Ländern!« Das Sammeln historischer Landkarten – vor allem aus Lateinamerika – wird später ihr Hobby..

Als wohlbehütetes Mädchen wächst Hildegard Stausberg mit ihren beiden älteren Geschwistern in Köln auf. Ihr Vater hat einen Lebensmittelgroßhandel und beliefert Kölner Hotels, so auch das »Excelsior Hotel Ernst«, wo sie später ihre Veranstaltungen als Vorsitzende des Kölner Presseclubs abhalten wird. Schon als kleines Mädchen kehrt sie regelmäßig mit ihrer Mutter ein in dem altehrwürdigen Hotel und fühlt sich seitdem in »Kölns guter Stube« wie zuhause. Aber nicht nur hier: Der lateinamerikanische Kontinent, mit dem sie schon als Kind in Kontakt gekommen ist, wird später das zweite Zuhause des »rheinischen Mädchens« und wird ihren beruflichen und persönlichen Werdegang prägen. »Die Sekretärin meines Vaters war Tante des berühmten Dirigenten Michael Gielen, dessen Familie – wegen der jüdischen Mutter – vor den Nazis nach Argentinien geflohen war«, erinnert sich die angesehene Journalistin und rückt ihre Brille zurecht. Wie ihr Großonkel August erzählt auch »Tante Hubertine Gielen« über die weite Welt, hier aber vor allem über Buenos Aires und sein berühmtes Opernhaus, das »Teatro Colon«, wo ihr Bruder Josef viele Jahre künstlerischer Direktor war.

Nach ihrem Abitur findet Hildegard durch ihr Studium zu Prof. Dr. Karl Dietrich Bracher, der später ihr Doktorvater wird. Seine wichtigsten Themen sind die Ursachenforschung für den Zusammenbruch der Weimarer Republik und den Aufstieg des Nationalsozialismus. So reift der Entschluss, über Juan Domingo Perón und sein politisches Erbe, den Peronismus, zu forschen: Sie will verstehen, warum ein Land wie Argentinien keine politische Stabilität findet. Ein Stipendium des DAAD ermöglicht von 1971 bis 1973 Studien vor Ort. Dort und in den umliegenden Ländern erlebt sie Zeitgeschichte: »Nationalismus, Peronismus, Kommunismus, Putschversuche, politische Brüche aller Art, Länder am Rande des Bürgerkrieges – ich habe das miterlebt; das prägt anders, als wenn man es in Europa aus der Zeitung erfährt.« Wichtige Protagonisten lernt sie persönlich kennen: Juan Domingo Perón und seine dritte Frau Isabelita etwa, Salvador Allende, Augusto Pinochet und den späteren Präsidenten Brasiliens, Fernando Henrique Cardoso. 1975 promoviert sie über die »Ursachen der gescheiterten Redemokratisierung Argentiniens nach dem Sturz Peróns 1955«. Zurück in Bonn, lehrt die junge Wissenschaftlerin an der dortigen Uni und arbeitet bis 1980 als Assistentin von Bracher. Dann geht sie zur »Frankfurter Allgemeinen Zeitung«, um in der Nachrichtenzentrale Lateinamerika zu betreuen. Spätestens seit dem Ausbruch des Konfliktes um die Falkland-Inseln Anfang 1982 ist in der Redaktion klar, dass die Argentinien-Spezialistin ein Gewinn für das Blatt ist. Läuft es ausnahmsweise mal nicht so, wie es soll, hört sie die tröstenden Worte ihres Chefs Dieter Eckart, der in so einem Fall zu sagen pflegt: »Frau Stausberg: Neue Zeitung – neues Glück« – und auf den nächsten Tag verweist, an dem man es ja wieder besser machen kann …

Aus den Jahren in Argentinien bleiben Bekanntschaften bestehen, die dann zu besonderen Interviews führen. So etwa mit dem argentinischen Schriftsteller Jorge Luis Borges, der seinen antiperonistischen Meinungen stets treu blieb. »Mein Interview mit ihm Mitte der achtziger Jahre war für mich eines meiner wichtigsten.« Carlos Fuentes ist ein weiterer lateinamerikanischer Literat aus ihrem umfangreichen Interviewarchiv. In diesem befindet sich übrigens auch ein Gespräch mit Juan Manuel Fangio, der sie sogar für eine kurze Fahrt auf dem Nürburgring in seinen Silberpfeil einsteigen lässt. Von einer Begegnung mit Fidel Castro in Kuba ist sie indessen weniger beeindruckt: »Fünf Stunden mussten wir uns in der gleißenden Sonne seine Neujahrsrede anhören – und zwar im Stehen!« Nach sieben Jahren in der Nachrichtenzentrale der FAZ wird Dr. Hildegard Stausberg zur Berichterstattung nach Lateinamerika versetzt. Allerdings geht es nicht in den ihr gut bekannten Süden, sondern nach Mexiko. Von dort aus soll sie sowohl über das Aztekenland als auch Mittelamerika, die Karibik und Venezuela berichten.

Neue Zeitung – neues Glück!

Dieter Eckart, FAZ

»Hier hätte ich bleiben können«, erklärt sie freimütig. Ihr Leben ist erfüllt von interessanten Begegnungen, nicht zuletzt auch mit dem Vater ihrer Tochter Anna-Antonia. Doch das kleine Mädchen kommt nicht zurecht mit den schlechten Umweltbedingungen in Mexico-City. »Sie bekam Krupp-Husten, und so entschloss ich mich schweren Herzens, Mexiko zu verlassen.« Die Entscheidung wird erleichtert durch ein interessantes Job-Angebot der Deutschen Welle in Köln. Eine Kindheit im Rheinland – mit Sankt Martin, Nikolaus und Karneval – ist eine verlockende Perspektive für Mutter und Kind. 1993 übernimmt sie die Leitung der Ibero-Lateinamerikanischen Programme der Deutschen Welle und wird ein Jahr später Chefredakteurin aller Fremdsprachen-Programme des Deutschen Auslandssenders – damals noch weit über vierzig! In dieser Zeit wirkt Dr. Hildegard Stausberg auch als Lehrbeauftragte an den Instituten für Politische Wissenschaften an den Universitäten in Köln und Bonn. 1999 wechselt sie als Leiterin des Auslandsressorts zur »WELT« nach Berlin. Der Aufenthalt hier ist nur von kurzer Dauer. »Eine ernsthafte Krankheit bedeutete für mich die entscheidende Wende. Ich wollte mich fortan an erster Stelle um meine Tochter kümmern.« Der Axel-Springer-Verlag ist ein großzügiger Arbeitgeber, und das neu aufgekommene Internet ermöglicht gute Recherchen von zuhause aus. Genau hierhin kehrt sie zurück,

in ihre rheinische Heimat nach Köln, von wo aus sie als diplomatische Korrespondentin und Kolumnistin, unter anderem für »Die WELT«, weiter tätig bleibt. 2002 übernimmt sie – als Nachfolgerin von Claus Hinrich Casdorff – ehrenamtlich den Vorsitz des Kölner Presseclubs. Dabei verliert sie nie ihre Leidenschaft für Südamerika aus den Augen. 2011 initiiert sie die Städtepartnerschaft zwischen Köln und Rio de Janeiro und gründet den Latino-Hub Rheinland mit dem Ziel, die wirtschaftlichen, gesellschaftlichen und kulturellen Beziehungen zwischen Lateinamerika und dem Rheinland zu intensivieren. Ein musikalisches Lieblingsprojekt ist der von ihr 2005 gegründete Kajo-Schommer-Klavierförderpreis. 2020 wird er zum fünften Mal in Argentinien vergeben im Rahmen des »Festival de los Siete Lagos« im patagonischen Villa La Angostura. Ihr Ziel ist es, den Preis als ein wichtiges kulturelles Band zwischen dem Rheinland und Argentinien zu verankern.

Die »Strenge Stausberg«, wie sie in ihren Kolumnen genannt wird, vertritt ihren Standpunkt immer energisch. Der kann auch mal extrem scheinen, wenn sie etwa zur Revolution aufruft, und zwar zur Bildungsrevolution für Lateinamerika: »Es kann dort langfristig nur besser werden, wenn sich das Bildungsniveau schnell und echt verändert, sonst verpuffen alle Anstrengungen – und der Subkontintent wird zur chinesischen Kolonie.«

Renate, Friederike und Simone Strate

In Detmold ist Bierbrauen Frauensache

Friederike und Simone Strate wurden 1964 respektive 1969 in Detmold geboren. Ihre Eltern Friedrich und Renate leiteten die traditionsreiche Privatbrauerei Strate in vierter Generation. Nach dem Besuch des Gymnasiums in Detmold machte Friederike eine Ausbildung in der väterlichen Brauerei und wurde mit 19 Jahren 1984 jüngste Brauereimeisterin Deutschlands. Ihre Schwester Simone absolvierte nach dem Gymnasium an der Fachhochschule Aachen ihr Studium zur Diplom-Betriebswirtin 1993 mit Auszeichnung. Nach dem Tod des Vaters im Jahr 1995 wurden Renate, Friederike und Simone Strate zu gleichen Teilen geschäftsführende Gesellschafter der Detmolder Privatbrauerei. Im Jahr 2001 wurden Friederike und Simone Strate zu Unternehmerinnen des Jahres von Ostwestfalen-Lippe ernannt. Friederike lebt mit Mutter und Tochter in der Brauerei, Simone mit ihrem Ehemann und zwei Kindern in der Nachbarschaft.

Kommt ein Besucher nach Detmold und sucht hier die bekannte Privatbrauerei Strate, fällt ihm zuerst ein Hinweisschild zur »Stratosphäre« auf. Was diese mit der Brauerei oder gar mit dem Universum gemein hat, wird der Besucher bei einer Führung schnell erfahren. Zuerst jedoch betritt er einen wunderschönen Park mit gepflegten Rosenbeeten, die den neugotischen Bau der Detmolder Privatbrauerei umgeben. Hoch hinauf ragen stolze Türme aus Backstein und verleihen dem Gebäude einen schlossartigen Charakter. Dass hier eine funktionierende Brauerei steht, ist erst auf den zweiten Blick erkennbar, denn alle Erweiterungen und technische Gerätschaften liegen unterirdisch, um das Ambiente nicht zu stören.

Mache alles immer so gut wie du kannst. Nie weniger. Mehr geht nicht.

Friedrich Strate

Fröhlich lachend kommt mir Friederike Strate entgegen, an ihrer Seite ein großer Ungarischer Vorstehhund. »Paula ist immer bei mir. Wir sind ein gutes Team, auch bei der Jagd«, sagt sie. Mit ihrem sportlichen Kurzhaarschnitt und ihrem wippenden Gang verbreitet Friederike eine ansteckende Dynamik. Zunächst führt unser Weg durch das Foyer in die sogenannte Stratosphäre. Hergeleitet von »Strate« und »Atmosphäre« sind die alten Räumlichkeiten der Brauerei – die Schlosserei, das Braumeisterzimmer und der älteste Teil, der früher die Kältetechnik beherbergte – zu einem einzigartigen Informationszentrum und touristischen Anziehungspunkt für Bierbegeisterte geworden. Schnell führt der Weg weiter in die »Kathedrale« – ein großer Raum, der architektonisch an eine Kirche erinnert. Wie ein leuchtender Stern schwebt hier das Logo an der Decke: Stratosphäre – das Universum der Biere!

In der Stratosphäre können Besucherinnen und Besucher 20 verschiedene Biere verkosten, die alle aus der Hand der kreativen Braumeisterin stammen und heute gebraut werden; viele davon sind prämiert. Einige tragen sonderbare Namen wie »Thusnelda«. Die Frau des Cheruskerfürsten Arminius, an den das Hermanns-Denkmal bei Detmold erinnert, solle so eben-

falls zu Ehren kommen, schmunzelt Friederike. Tatsächlich wird »Thusnelda« im Jahr 2013 als deutsches Bier des Jahres prämiert – nur eine der vielen Auszeichnungen, welche die Strates für die hohe Qualität ihrer Produkte erhalten. Dann zeigt die schlanke Frau auf den historischen Spitzbogen und das Tonnengewölbe, die der »Kathedrale« ihren Namen gaben. »2017 haben wir die alten Räumlichkeiten für unsere Gäste umgebaut und geben ihnen nun durch den gläsernen Boden überraschende Einblicke in die Welt des Brauens.« Mehr als nur eine touristische Attraktion, ist die »Stratosphäre« zur ersten Bier- und Genussakademie Ost-Westfalen-Lippes geworden. Hier begeben sich die Gäste auf eine erfahrungsreiche Reise, um das Brauhandwerk hautnah kennenlernen zu können. In der Akademie können sie dem Braumeister direkt über die Schulter schauen und alles über eines der ältesten Getränke der Welt lernen. »Dazu muss man wissen«, erklärt die Braumeisterin, »dass bereits im alten Ägypten Bier ein anregendes Genussmittel war..« Die Mönche im Mittelalter schätzten es in der Fastenzeit, und Hildegard von Bingen lobte die gesundheitsfördernden Eigenschaften: »Ein Tag ohne ein Glas Bier ist ein Gesundheitsrisiko«, so die Benediktinerin aus dem 12. Jahrhundert.

Zurückkommend auf die Geschichte der jüngeren Zeit, berichtet Friederike vom Werdegang der Strate Brauerei. »Nur 23 Jahre nach ihrer Gründung im Jahre 1863 gab es eine Kesselexplosion und die Brauerei musste komplett wieder aufgebaut werden«, erzählt sie. »Was für andere das Aus bedeutet hätte, hat meine Vorfahren nur weiter angetrieben. Ich habe wohl deren Gene geerbt.« Das haben offensichtlich alle Strate-Frauen gemein: »Meine Großmutter hat mit 94 Jahren noch die Kasse der Brauerei geführt.«, erinnert sich Friederike, und: »Renate Strate, meine Mutter, war die erste eingetragene Kauffrau im Lipper Land«, erklärt die Tochter.

Nicht immer habe es das Schicksal mit den letzten Generationen gut gemeint, erinnert sich die leidenschaftliche Bierbrauerin an frühere Streitigkeiten zwischen ihrem Vater und seinem Bruder, die sie selbst als Kind miterlebt hat. »Wir wohnten alle zusammen in der Brauerei«, berichtet sie aus dieser Zeit. »Mama, wir Mädchen und Papa, sein Bruder und dessen Familie und die liebe Omi.« Durch die gemeinsame Erbschaft des Unternehmens seien Unstimmigkeiten vorprogrammiert gewesen, und als Friedrich Strate seinen Bruder auszahlte, um den Betrieb zu übernehmen, und die Möbelwagen den Hof ver-

ließen, seien alle erleichtert gewesen. »Da war mein Vater schon 60«, erklärt sie die schwere Zeit, »es sollten ihm nur noch 15 Jahre bleiben, um alleine schalten und walten zu können.« Der hohe Preis habe sich insofern gelohnt, dass man sich durch die einkehrende Ruhe aufs Wesentliche habe konzentrieren können – die Produktion von gutem Bier und die Steigerung des Umsatzes. »Wir haben daraus gelernt«, sagt Friederike. »Nur durch ein engmaschiges Zusammenarbeiten kann ein Familienunternehmen wie unseres erfolgreich geleitet werden.«

Friederike und Simone Strate sind im Unternehmen groß geworden. »Als Kinder tobten sie auf dem Gelände, ihr Klettergerüst waren aufgestapelte Holzkisten«, erzählt Renate Strate, die sich unserem Rundgang angeschlossen hat. Die hochgewachsene Frau ist elegant und sehr humorvoll. »Unvergessen der Moment, als ich meine Schwiegermutter besuchte und aus dem oberen Fenster hinausschaute«, erzählt sie von lange zurückliegenden Minuten des Schreckens. Die damals dreijährige Simone sei ausgerutscht und in das Kühlwasserbecken gefallen. »Noch nie bin ich die drei Etagen so schnell heruntergelaufen«, seufzt deren Mutter, »bin ins Wasser gesprungen und habe sie gerettet.« So energiegeladen

wie damals ist die fürs strategische Management zuständige Frau noch heute mit ihren 83 Jahren. »Bis wir in die weiterführende Schule kamen, hielt sich Mama geschäftlich im Hintergrund«, erklärt Friederike. 1979 ist es dann die Entscheidung der Mutter, die dafür sorgt, dass das Unternehmen einen neuen Kurs einschlägt. »Ich habe damals schon intensiv den Markt beobachtet«, erklärt Renate, die erkannt hat, dass die Brauerei nur überleben kann, wenn sie sich von der Konkurrenz deutlich abhebt. »Wir haben die nostalgische Bügelverschlussflasche wieder eingeführt und hatten Erfolg damit.« Das Bier wird ihnen regelrecht aus den Händen gerissen. »Ich war damals 15 Jahre alt und begann nach der mittleren Reife die Lehre zum Brauer und Mälzer, bis heute mein Traumjob. Blaumann und Gummistiefel waren meine Arbeitskleidung«, erklärt Friederike mit leuchtenden Augen.

Um sich betriebswirtschaftliche Kenntnisse anzueignen, schreibt sie sich in Oestrich-Winkel an der European Business School ein. »Der Direktor rief mich kurz danach zu sich«, lacht sie heute über sein Erstaunen. »Wo bleibt das Abiturzeugnis?«, habe er gefragt, »und auf meinen Gesellenbrief und den Meisterschein gezeigt sowie auf meine – trotz fehlender Qualifikation – bestandene Aufnahmeprüfung.« Nach zähen Verhandlungen erreicht Friederike die Erlaubnis, als Gasthörerin an der Business School bleiben zu dürfen und schließt hier fünf Semester ab, inklusive Auslandssemestern in Paris, London und Florenz. Die schönste Zeit ihres Lebens wird sie dieses Studium später nennen, das ohne Abschluss zu Ende geht. »Papa ging es gesundheitlich nicht gut und er brauchte mich zuhause.« Der Entschluss zurückzukommen fällt ihr trotzdem leicht. Sie arbeitet ab 1989 sehr gern im Team mit ihrem Vater und mit der Mutter, die inzwischen Verkauf und Vertrieb übernommen hat. Simone studiert in dieser Zeit Betriebswirtschaft in Aachen und erlangt 1993 ihr Diplom als Betriebswirtin mit Auszeichnung.

Inzwischen geht es Friedrich Strate so schlecht, dass er seine jüngere Tochter bittet, auf einen geplanten Auslandsaufenthalt zu verzichten und sofort zurückzukehren. Rund um die Uhr muss er inzwischen betreut werden. »Es war immer eine von uns bei ihm«, erklärt Friederike, die bis heute eine Locke seines Haares in einem goldenen Herzen an einer Kette bei sich trägt. »So ist Papa immer bei mir«, sagt sie und wischt sich eine Träne aus dem Gesicht. »Wir haben ihn sehr geliebt. Er fehlt uns sehr!« 1995 stirbt Friedrich Strate. Zwei Wochen danach muss Simone bereits die erste Betriebsprüfung alleine leiten – eine Herausforderung, die sie herausragend meistert. Inzwischen im Bürotrakt angekommen, setzt sich Friederike an den Schreibtisch zu ihrer Schwester.

»Von hier aus hat man den ganzen Betrieb im Blick«, sagt diese. »Hier war Papas Büro, und genauso habe ich es auch belassen.« Simone Strate ist fünf Jahre jünger als ihre Schwester Friederike und als kaufmännische Leiterin zuständig für alle Zahlen. Ihr Büro quillt über von Zetteln und Akten, sogar an den Schrankwänden kleben Post-its mit Notizen. »Ich finde mich bestens hier zurecht«, lacht die sympathische Frau und schüttelt ihre halblangen blonden Haare. »Nach Papas Tod allerdings fühlten wir uns alle wie Gestrandete in Seenot.« Worte, die er oft gesprochen habe, hätten ihnen schließlich den nötigen Halt gegeben. »Wir sollten immer alles so gut machen, wie wir können«, hat er uns eingetrichtert. »Nie weniger geben, mehr ginge dann sowieso nicht.«

Renate Strate, kurz ins eigene Büro getreten, kommt zurück. Es ist bereits spät Nachmittags und die drei Frauen beschließen, den Tag mit einem besonderen Getränk zu beenden. »Friederike ist die Kreative, die ständig experimentiert und neue Craft-Biere auf den Markt bringt«, erklärt Simone. Als Braumeisterin ist sie auch zuständig für Verkauf und Marketing – und dafür, dass die Produktpalette einzigartig bleibt und sich deutlich von dem Angebot der Konkurrenz abhebt. »Auch deshalb freue ich mich immer auf mein

Feierabendbier«, lacht Renate und öffnet die kühle Flasche, die ihr Friederike reicht. Der Detmolder Bourbon Chardonnay wird aus Rotweingläsern genossen. Nicht mit dem gleichnamigen Wein zu verwechseln, wird dieses Bier aus sehr altem und wieder neu entdecktem Chardonnay-Hopfen gebraut, der dem Bier eine weinähnliche Geschmacksnote verleiht. Als weitere Veredlungsstufe wird der Bourbon Chardonnay mehrere Monate in echten Bourbon-Fässern aus Kentucky gelagert. 2018 erhält diese Kreation den Crystal Taste Award. »Dieser Preis des International Taste & Quality Institute ist eine einzigartige Auszeichnung, die auf Blindverkostungen von Chefköchen und Sommeliers basiert«, erklärt Friederike, die selber eine abgeschlossene Ausbildung als Bier-Sommelière vorweisen kann. »Die Auszeichnung bedeutet uns sehr viel«, fügt Renate hinzu, die stolz auf die Liste der vielen weiteren Prämierungen zeigt – nicht zuletzt auf den Titel »Unternehmerin des Jahres«, der Friederike und Simone Strate im Jahr 2000 verliehen wurde.

Doch bei aller Arbeit und Leistung bleibt eines am wichtigsten, zwinkert die jung gebliebene Seniorin ihrem Gast zu: »Ein Bier zu brauen, das auch ein bisschen fröhlich macht, an allem anderen hätten wir Strates doch keinen Spaß.«

Annette Thewes
Auf Umwegen zur Erbschaft

Annette Thewes wurde 1967 in Bad Godesberg als drittes von vier Kindern geboren. Nach Abschluss der Höheren Handelsschule besuchte sie das Gymnasium, machte 1987 ihr Abitur und anschließend eine Ausbildung zur Speditionskauffrau in Bonn. 1991 fing sie bei der Deutschen Stiftung Denkmalschutz als Assistentin der Verwaltungsleitung an, absolvierte eine zusätzliche Ausbildung zur Testamentsvollstreckerin und kümmerte sich um Erbschaftsangelegenheiten. 2013 gründete sie die NACHLASSagentur, die sich für testamentarisch bedachte Organisationen um die Abwicklung aller Nachlassfragen kümmert. Die geschiedene Mutter dreier Töchter und Großmutter dreier Enkel hat zudem 2019 das Onlineportal ERBKOMPASS gegründet, der erste deutsche Wegweiser und Ratgeber für die komplette Nachlassverwaltung, von Erbschaft über Testament und Vermächtnis bis zur Trauerfeier.

»Vermögen und Werte zu schaffen und jemanden zu finden, der sich verantwortungsvoll um das Erbe kümmert, das nimmt eine große Last sowohl von den Erben wie von den Erblassern«, eröffnet Annette Thewes unser Gespräch. Wie es dazu kam, dass die sportliche Frau, die in ihrer Freizeit am liebsten surft, sich mit Testamenten und der Abwicklung von Erbangelegenheiten befasst, wird zu einem spannenden Exkurs in ihr Leben. »Ich kam auf Umwegen zum Erben«, lacht sie und bittet an einen langen Holztisch, auf dem Kaffee und Schokoladenkuchen zum Zugreifen einladen. Darüber hängt ein Balken, bestückt mit allerlei ausgefallenen Weihnachtsdekorationen. Eine, in Form eines goldenen Labradors, nimmt sie in die Hand und zeigt auf den Holzbalken. »Das ist ein Fundstück, den unser Hund aus dem Rhein fischte; weil mir die bunte Deko so gefällt, bleibt sie einfach das Jahr über hängen.«

Aufgewachsen ist Annette Thewes mit zwei Schwestern und einem älteren Bruder in Bonn. »Mein Vater war Bäckermeister und Konditor. Er erzog uns auf sehr traditionelle Weise.« Der Sohn soll studieren, für die Mädchen ist ein Realschulabschluss völlig ausreichend, lautet seine Devise. Die Mutter ist anderer Meinung. »Sie hat ihre kaufmännische Ausbildung beim ersten Kind an den Nagel gehängt«, erzählt Annette, »was sie im Nachhinein sicher bedauerte.« Als Chefin im Haushalt, die das Geld der Familie verwaltet, bestärkt sie ihre Töchter, an die eigene, selbstständige Zukunft zu denken. »Sie gab uns das Gefühl, dass wir alles schaffen können – wenn wir uns nur richtig dafür einsetzen.« Dass dies Annette gelingen würde, ist nicht von Anfang an klar. Als eher unengagierte Schülerin bringt sie den Realschulabschluss hinter sich und besucht im Anschluss die Höhere Handelsschule, ohne sich jedoch im Klaren zu sein, welchen Berufsweg sie anschließend einschlagen soll. »Daher versuchte ich zurück aufs Gymnasium zu gehen, was mir gelang. Ich konnte sogar die 11. Klasse überspringen und gleich zu meinen Altersgenossen in die 12.«

Die einst eher gelangweilte Schülerin hat sich zu einer jungen Frau mit Biss entwickelt, die Erfolge anstrebt, um sich selbst zu beweisen. »Ich bin damals schon früh von zuhause ausgezogen«, erklärt sie, »habe Bafög erhalten und nebenbei gekellnert.« Auch mit der Schule klappt es jetzt. »Im Gymnasium habe ich gelernt, Dinge zu hinterfragen, was mir zusammen mit meinen auf der Höheren Handelsschule gelernten Kenntnissen in Kalkulation und Buchhaltung sehr zugute kam.« Das Abitur gelingt ihr mühelos.

Annette bewirbt sich bei der Deutschen Lufthansa für ihren Traumberuf als Pilotin. Doch die Englischkenntnisse reichen nicht, und als Stewardess in den Lüften zu kellnern ist für sie keine gute Alternative. Als ihr die Personalabteilung vorschlägt, sich zunächst anderswo als Speditionskauffrau ausbilden zu lassen, um nach einem erfolgreichen Abschluss eine Anstellung bei der Deutschen Lufthansa in der Abteilung von Frachtverkehr anzutreten, entscheidet sie sich für diesen Weg. 1988 beginnt sie ihre Ausbildung im Bonner Hafen. »Die Logistik hatte es mir angetan«, erinnert sie sich

Keine Angst, das schaffst du!

Annette Thewes

begeistert. »Ich liebte es, Vorgänge bis ins kleinste Detail zu planen und auszuführen.« Nach einer verkürzten Ausbildung meldet sie sich wieder bei der Lufthansa in der Frachtabteilung, merkt jedoch schnell, dass die Frachtabfertigung im Schichtdienst nicht ihren Vorstellungen entspricht. Lieber fängt sie bei einem kleineren Unternehmen an, das sich auf den Zusammenbau von aus Taiwan importierten Computerteilen spezialisiert hat. »Durch das falsche Ausfüllen von Frachtpapieren war die Firma in eine finanzielle Schieflage geraten«, erzählt sie und schafft es binnen kurzer Zeit, die Probleme zu lösen. »Leider gab es Differenzen zwischen den beiden Inhabern der Firma«, bedauert sie. Die Firma muss Insolvenz anmelden und die junge Speditionskauffrau sieht sich nach Monaten ohne Gehalt gezwungen, erneut eine Stelle zu suchen.

1991 fällt Annette eine Anzeige der »Deutsche Stiftung Denkmalschutz (DSD)« auf. »Mit 24 Jahren wollte ich etwas neues versuchen«, begründet sie den Schritt dorthin. Zwei Stellen sind dort ausgeschrieben – eine als Sachbearbeiterin in der Projektabteilung, wofür sie überqualifiziert ist, und eine als Assistentin des Verwaltungsleiters. Da sie kein Studium vorweisen kann und eigentlich dafür unterqualifiziert ist, macht sie sich wenig Hoffnung auf diese Position. »Als man aber feststellte, dass ich in einer Computerfirma gearbeitet hatte, war man irrtümlich der Meinung, ich könnte die Stiftung bei ihren neuen Computern beraten und diese einrichten.« Dass sie zwar die Hardware inzwischen zusammenbauen kann, nicht aber programmieren, wird nicht als ernstes Hindernis gesehen. Befragt, ob sie sich das zutraue, bejaht sie. »Angst war für mich nie ein Thema!«, erklärt sie schulterzuckend. Als ihr ein VWL-Fernstudium ans Herz gelegt wird, stimmt sie zu und müht sich mit dem anspruchsvollen Mathematikanteil ab. »Ich war oft am Limit«, sagt sie.

1992 kommt eine einschneidende Wende. »Ich wurde schwanger und heiratete kurz darauf den Vater.« Tochter Katharina wird 1993 geboren. Ihr Vorgesetzter reagiert ungehalten. »Er konnte sich nicht vorstellen, eine arbeitende Mutter in der Abteilung zu haben, schon gar nicht halbtags.« Wieder kann die einnehmende junge Frau überzeugen. Oft nimmt sie sich Arbeit mit nach Hause und ist der Schwiegermutter dankbar, die das Baby täglich beaufsichtigt. 1995 wird ihre Tochter Louisa geboren und ihr Mann gründet eine eigene Spedition. »Der Betrieb lief auf meinen Namen«, führt die sympathische Frau aus, »weil ich die Sacheignungsprüfung als Speditionskauffrau vorweisen konnte.« Während sie ihrer Arbeit in der Stiftung weiter nachgeht, wächst die Spedition rasant. Mit ihrer Generalvollmacht transportieren viele LKW Frachten von Deutschland bis zur Chinesischen Mauer. Auch werden viele Geschäfte dank vereinfachter Zollverfahren mit Russland abgewickelt. »Davon bekam ich nicht viel mit«, erinnert sie sich nachdenklich. »Ich hatte die Mädchen und meine Stiftungsarbeit und fühlte mich total ausgepowert.« Ein Zustand, der sie trotzdem nie verzweifeln lässt – auch dann nicht, als die Aufträge der Spedition ab 1997 stetig abnehmen. Schließlich muss die Spedition 2002 Konkurs anmelden. Gleichzeitig folgt das Ehe-Aus. »Mit meinem Mann ging auch meine Schwiegermutter; ich blieb plötzlich als alleinerziehende Mutter von zwei Töchtern im Grundschulalter und mit einem riesigen Berg Schulden zurück.« Den Halt, den sie in dieser schwierigen Zeit braucht, findet sie durch ihre Arbeit für die Stiftung. 2004 wendet sich das Blatt und sie findet Glück mit einem neuen Partner. Auch er hat eine Ehe hinter sich und fünf Kinder, davon zwei zur Pflege. »Ein Jahr nach meiner Scheidung 2005 zogen wir in diese Villa Kunterbunt ein«, sagt sie und zeigt auf die mit Fresken gemalten Wände. Ein lautes und fröhliches Familienleben wird hier zelebriert, allerdings wie eine Wohngemeinschaft mit getrennten Küchen und eigenen Räumen zum Zurückziehen.

Bei der DSD findet sie immer mehr Aufgaben, die sie faszinieren. 2011 schließt sie eine zusätz-

liche Ausbildung als zertifizierte Testamentsvollstreckerin ab und übernimmt von nun an die alleinige Leitung des Bereichs »Nachlassabwicklung«. Es ist eine umfassende Aufgabe, in der sie ihre Kenntnisse in Logistik und Erbrecht genauso einsetzen kann wie ihr psychologisches Feingefühl im Umgang mit Menschen. »Die Abwicklung eines Nachlasses hat einen sehr intimen Charakter. Der Erbe tritt in die Fußstapfen des Verstorbenen und trägt damit eine große Verantwortung«, erklärt Annette die gewonnenen Erkenntnisse bei ihrer Tätigkeit. »Man erbt nicht nur das Vermögen, sondern sieht sich auch mit allen Belangen dieses Lebens konfrontiert.« Dabei sei neben Geschäftsbeziehungen, Mietverhältnissen oder weiteren Verträgen noch viel mehr gemeint, nämlich das Einsteigen in die persönlichen Beziehungen zu Verwandten, Freunden, Nachbarn und manchmal zurückgebliebenen Kinder, Eltern und Geschwistern. »In diesem Spannungsfeld muss man sich als Fremder in die Rolle jedes Einzelnen zum Verstorbenen einfinden, um die vorliegenden Wünsche und Bedürfnisse bedienen zu können und so mögliche Probleme zu lösen.«

2013 entscheidet sie sich, zusätzlich zu ihrer Arbeit bei der Stiftung die NACHLASSagentur zu gründen. Ihre inzwischen mehrjährige Erfahrung mit der Abwicklung von Nachlässen gibt ihr den nötigen Anstoß. »Ich wusste, dass Stiftungen und Vereine oft in den Genuss von unerwarteten Erbschaften kommen«, erklärt sie ihre Entscheidung. »Viele Verstorbene hinterlassen aber auch eine Reihe von Problemen, denen sie am Ende nicht mehr gewachsen sind.« Auf der anderen Seite würde vielen Organisationen dafür eine qualifizierte Lösung fehlen. »Diese Aufgabe für eine gemeinnützige Organisation zu übernehmen, schien mir besonders befriedigend, da ich wusste, dass das Vermögen, das ich im Sinne des Verstorbenen abwickle, für einen sehr guten Zweck eingesetzt werden würde.« Erste Erfolge lassen nicht lange auf sich warten. Sie wird eingeladen, um Vorträge auf Fundraising-Kongressen zu halten und

Nachlass-Symposien mitzugestalten. Nachdem auch Louisa 2014 das Haus zum Studium verlässt, arbeitet sie weiter parallel. Die Anstellung bei der Stiftung gibt ihr die Sicherheit, die sie in der Aufbauphase der eigenen Agentur noch braucht. 2019 kommen schließlich die endgültige Trennung von der Stiftung und die eigene Selbstständigkeit als Vollzeitjob.

»Ich habe ein gutes Team an der Seite«, erzählt sie mit einem zufriedenen Lächeln, »mit dem ich mich an vielen Orten in Deutschland treffe.« Dazu gehören Immobilienmakler genauso wie Kunsthistoriker und Kunstschätzer ebenso wie ein Team, das sich um die Räumung und Aufbereitung der Immobilien kümmert. Bald wird sie auch von privaten Personen angesprochen, die Hilfe in der Abwicklung von Erbschaften suchen genauso wie in der Planung des eigenen Nachlasses. »Während eines Urlaubs kam mir die Idee, ähnlich wie einen Hochzeitsplaner eine Art Nachlassplaner zu etablieren. Auf einem Antikmarkt entdeckt sie einen alten Kompass, und der passende Name für ihr zusätzliches Unternehmen ist geboren. 2018 gründet Annette Thewes mit dem ERBKOMPASS das erste unabhängige deutsche Fachportal, um Erben und Vorsorgende bei allen Fragen zur Nachlassabwicklung zu helfen. Dabei hilft ein ausgeklügelter Filter in Sekundenschnelle, alle denkbaren Dienstleister-Kontakte zu vermitteln, sowohl für die Erben wie auch für die Vorsorgenden. Mit dem ERBKOMPASS berät sie als unabhängige Expertin und hilft dabei, die wichtigsten Punkte in übersichtlichen Checklisten und Wegweisern aufzuarbeiten.

»Durch meine Arbeit mit der NACHLASSagentur und dem ERBKOMPASS kann ich helfen, Konflikte unter den Erben zu vermeiden, und meiner Leidenschaft nachgehen, den Nachlass angemessen und werterhaltend weiterzugeben«, erklärt sie ihre Vision. »Es gibt auf dem Gebiet noch eine Menge zu tun. Als Spezialistin kann ich meinen Beitrag dazu leisten.«

Julia Vent

Leidenschaft für die Künste – des Heilens und des Darstellens

Julia Vent wurde 1977 in Düsseldorf geboren. Bereits im Kindergartenalter wollte sie Ärztin werden. Nach ihrem Abitur im Jahr 1996 studierte sie Humanmedizin an der Albertus-Magnus-Universität zu Köln und an der Università degli studi di Bologna und famulierte u. a. in London. Es folgte ein praktisches Jahr am University of Nebraska Medical Center (USA), und sie wurde mit 24 Jahren approbierte Ärztin. Schon während des Studiums arbeitete sie in der Hals-Nasen-Ohrenheilkunde über das Riechen und die Nasenfunktion. Ab 2002 studierte sie als »Graduate Research Assistant« Biologie bis 2005 an der Creighton University in Omaha, NE, USA. Ihre Prüfung der medizinischen Dissertation bestand Julia Vent 2004. Im Jahr 2005 folgte der Ph.D., Doctor of Philosophy (Molecular and Cell Biology), diese Arbeit wurde mit dem Dissertationspreis (»Most outstanding female graduate student«) ausgezeichnet. Im selben Jahr komplettierte sie ihre US-amerikanische Approbation (M.D., ECFMG). 2010 legte sie ihre Facharztprüfung für Hals-Nasen-Ohrenheilkunde ab und wurde 2011 mit der Erteilung der Venia legendi der Universität in Köln zur Privatdozentin habilitiert. Im folgenden Jahr erlangte sie die Zusatzbezeichnungen Tauchmedizin (GTÜM, Gesellschaft für Tauch- und Überdruckmedizin) und Medikamentöse Tumortherapie. 2013 erfolgten die Umhabilitation und Erlangung der Venia legendi an der Ruprecht-Karls-Universität zu Heidelberg. 2014 erlangte sie die Zusatzbezeichnungen Teilradiologie (DVT-Kunde Kopf/Hals) und Schlafmedizin und wurde 2016 zum außerplanmäßigen Professor in Heidelberg ernannt. 2018 erlangte sie schließlich die Zusatzbezeichnung Psychosomatische Grundversorgung.
Prof. Dr. Dr. Julia Vent arbeitet und lebt mit ihrem Sohn in Köln.

Ein müde aussehender Geschäftsmann kommt zu Prof. Dr. Dr. Julia Vent in die Praxis. Er klagt über Erschöpfung und möchte frischer aussehen. Ob sie ihm nicht mit Botulinum (Botox®) helfen könne? Julia Vent befasst sich als HNO-Ärztin auch mit ästhetischer Medizin – und wird hellhörig. »Auch wenn ›ganzheitlich‹ abgedroschen klingt«, erklärt sie, »nach diesem Prinzip arbeite ich.« Nach einer gründlichen Analyse schickt sie den Mann nach Hause – mit einer ganz anderen Therapie: »Der Mann hatte gefährliche Schlafstörungen«, erinnert sie. Das habe sie in ihrem Schlaflabor testen können. »Nur wenn ich den Menschen in seiner Ganzheit betrachte, kann ich ihm nachhaltig helfen. Der Mann bekam schließlich eine Schlafmaske und kam gesünder und erholter zur Nachuntersuchung.«

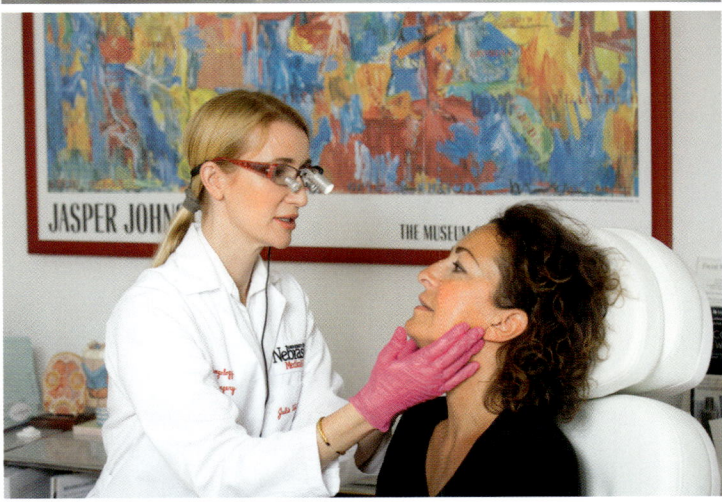

Eigentlich habe sie Kunstgeschichte studieren wollen, denn Kunst sei ihre große Leidenschaft. Doch habe ihr Interesse an Medizin überwogen. »Als Kind haben mich die Gespräche zwischen meinen Eltern und Großeltern sehr geprägt«, erzählt Prof. Dr. Dr. Julia Vent. Oft hätten sie laut überlegt, wie man den Patienten am besten heilen könne. »Schon als kleines Mädchen spielte ich Krankenhaus und war fasziniert, dass man Menschen helfen kann. Es kam eigentlich kein anderes Studium als das der Medizin für mich infrage.«

Mit 16 besucht Julia ein strenges englisches Internat, das sie – trotz kalter Räume und besonders unkleidsamer Uniformen – sehr schätzt, denn schließlich lernt sie dort strukturiertes Arbeiten und besteht ihr Übersetzerexamen (CPE). Mit 18 Jahren gelingt ihr ein exzellentes Abitur in Bielefeld, wohin die Eltern inzwischen umgezogen sind. Zu Beginn des Wintersemesters 1996/97 findet sich die junge Studentin an der Medizinischen Fakultät der Universität zu Köln ein, wo sie bereits 1998 ihr Physikum und 1999 ihr erstes Staatsexamen

ablegt. In dieser Zeit beginnt sie in Kollaboration mit der Johns Hopkins University in Baltimore ihre erste Dissertation zum Thema »Nasenanatomie und Riechen«. »Vor meinem zweiten Staatsexamen wollte ich für ein Jahr ins Ausland – nach England oder in die Schweiz.« Ihr Mentor, ein weit denkender Professor, rät dringend ab. »Ich sehe Sie immer in Ihrem hellblauen Blüschen in der ersten Reihe sitzen«, sagt er. »Sie müssen raus und das echte Leben kennen lernen, mit all seinen Facetten. Am besten fahren Sie nach Italien, setzen sich jeden Tag an die Piazza und schauen, was passiert.« Die sympathische junge Frau lacht und sagt: »Ich bin tatsächlich nach Bologna gezogen – das Jahr 2000 wurde das schönste Jahr meines Lebens.« Auch hier hat das Lernen eine weitaus höhere Priorität für die schlanke Studentin als das »dolce vita«: »Nur einmal habe ich meinem italienischen Professor gesagt, ich könne den Stoff auf Italienisch unmöglich lernen.« Doch der Neurologe ist streng; schließlich sei die eigentliche Sprache der Medizin in allen Ländern dieselbe, nämlich Latein, und der menschliche Körper weltweit der gleiche. Sie schafft auch die-

> **Die Nase hat das beste Gedächtnis von allen! Sie bewahrt Tage auf und ganze Lebenszeiten.**
>
> Kurt Tucholsky

se sprachliche Hürde. Zurück in Deutschland, legt sie 2001 ihr zweites Staatsexamen erfolgreich ab. Albert Einsteins Spruch »Sieh im Studium nie eine Pflicht, sondern die beneidenswerte Gelegenheit, die befreiende Schönheit auf dem Gebiet des Geistes kennen zu lernen« hält ihre Wissbegierde aufrecht. Julias schnelle Auffassungsgabe bleibt nicht unerkannt, und so erhält sie im selben Jahr ein Stipendium von der Rotary Foundation. Es fügt sich gut, dass sich einer der Professoren, mit dem sie Riechforschung an der Johns Hopkins University betrieben hatte, meldet. »Ich bin gerade Chefarzt in Omaha (Nebraska) geworden«, erzählt er und lädt sie ein, ihm dorthin zu folgen. »To become the best, you must train with the best«, sagt er – und daher reist sie um die ganze Welt, um von den Spezialisten zu lernen.

Aus acht geplanten Monaten werden vier Jahre. »Ich habe meine Arbeit dort geliebt«, schwärmt Julia noch heute. »Ich war in diesem riesigen Medical Center eine der ersten ›visiting physicians‹ und bekannt wie ein bunter Hund.« Ihr Studium ist eine Mischung aus praktischer Arbeit und Forschungstätigkeit im Labor, weiterhin zu dem Thema Riechen und Nasenfunktion. »Das Riechen ist unser ältester Sinn«, erklärt sie ihre Faszination. »Emotionen und Erinnerungen sind damit eng verknüpft.« Sie verweist auf die berühmte »Petite Madeleine« aus Marcel Prousts Jahrhundertroman »Auf der Suche nach der verlorenen Zeit« und erklärt: »Geschmack und Geruch sind direkt mit dem Hippocampus, dem zentralen Ort im Gehirn für Gedächtnis und Emotionen, verbunden.« So wie ein schöner Duft jede Stimmung hebe, könne ein Riechtraining depressiven Menschen, die nur noch einen eingeschränkten Geruchssinn haben, helfen. »Genau das war mein treibender Faktor: Ich wollte diesen Menschen helfen, gesund zu werden und ihnen durch das Wiedererlangen ihres Riechsinns Lebensfreude zurückgeben.« Nicht immer gelingt dies, gibt sie zu. Denn immer noch werde viel zu wenig zu diesem Thema geforscht – in Europa mit weniger als 100 Spezialisten. »Für jemanden, der nicht mehr riechen kann, geht auch der Geschmack verloren. Ein Glas Champagner kann für den Leidenden identisch mit einem Glas saurer Milch sein. Die Freude am Leben erlischt!« Ein Ansporn für Julia, sich zukünftig weiter

dieser Forschung zu widmen. Zunächst kehrt sie 2002 kurz nach Deutschland zurück, um hier ihr drittes Staatsexamen abzulegen. Auf ihr nach wie vor atemberaubendes Tempo verweisend, fügt sie hinzu, »Ich bin dann gleich zurück nach Nebraska, denn der Professor im Labor wollte mich nicht gehen lassen.« Er bietet ihr ein Stipendium des NIH – National Institute of Health – für ein Biologie-Studium an, das sie mit Freude annimmt. Ab 2002 studiert sie als Graduate Research Assistant Biomedizin an der Creighton University und reicht 2004 ihre medizinische Dissertation zum Thema »Nasenanatomie und Riechen« in Deutschland ein. 2005 schließlich kehrt Julia Vent als Ph.D., Doctor of Philosophy (Molecular and Cell Biology) endgültig zurück nach Deutschland. » ›Zwei Dinge sind zu unserer Arbeit nötig: Unermüdliche Ausdauer und die Bereitschaft, etwas, in das man viel Zeit und Arbeit gesteckt hat, wieder wegzuwerfen‹, sagt Albert Einstein; oder, mit den Worten der amerikanischen Wissenschaftler: ›Science is going down dead ends, to see if they are really dead.‹ – Nur weil es vorher keiner schaffte, heißt das nicht, dass man es selbst nicht schaffen oder herausfinden kann.« Ab Januar 2006 arbeitet Dr. med. Dr. Julia Vent als Assistenzärztin an der Uniklinik Köln. 2011 habilitiert sie zum Thema »Funktionsstörungen der Nase: ihre Diagnostik und Therapie«; da ist sie bereits seit einem Jahr Facharzt für Hals-Nasen-Ohren-Heilkunde und hat sich zwischenzeitlich auch intensiv mit Gesichtslähmungen und Tumortherapie befasst. »Auch mit Botox- und Hyaluronsäureinjektionen habe ich damals gelernt, ein entstelltes und asymmetrisches Gesicht der Kranken wiederherzustellen – sehr zur Freude der Krankenschwestern, die mir oft und gern als gesundes Modell zur Verfügung standen.«

Als leidenschaftliche Taucherin, die das Meer und den Wassersport liebt, entschließt sich Julia Vent 2011 zu einer weiteren Ausbildung: zur Tauchmedizinerin. »Schon in den USA hat mich das Thema interessiert. Dort ist man viel weiter als hier. Es gibt dort Stationen mit bis zu acht Druckkammern zur hyperbaren Sauerstofftherapie. Ich bin jetzt dafür zertifiziert und darf Patienten in Druckkammern behandeln.« Wie auf den Malediven, wo sie einige Jahre regelmäßig ihre Ferien verbringt und ein Medical Center mitbetreut.

»Das war kein Urlaub«, sagt die Frau mit den vielen Qualifikationen. »Als Medizinerin ist man ›24/7 on call‹, aber es hat mir trotzdem einen Riesenspaß gemacht.« Und meint damit auch das Behandeln der einheimischen Bevölkerung. »Es sprach sich immer rasend schnell herum, wenn ›Doctor Julia‹ wieder auf der Insel war.«

Die Zeit an der Uniklinik Köln dagegen sei nicht leicht gewesen, gesteht sie und meint damit nicht das Medizinische, sondern die menschlichen Schicksale, die sie mit nach Hause nimmt. Es lässt sie nicht kalt, dem Tod jeden Tag ins Auge zu schauen. Erfreulicher ist da der Wechsel ins größte HNO-ärztliche Schlaflabor Europas an der Universität Heidelberg in Mannheim, wo sie sich als Schlafmedizinerin qualifiziert. Bis heute gibt sie mehrfach pro Semester Vorlesungen im Studiengang Humanmedizin in Heidelberg und Köln und betreut Doktoranden. Sie ist federführend in den Vorständen der großen Fachgesellschaften (DG HNO und EAFPS) tätig und als Editorial Board Member und Reviewer für die Fachliteratur zuständig – so hat sie den Finger am Puls der aktuellen Wissenschaft, die sie mit mehreren Buchkapiteln und über 50 Fachartikeln in der internationalen Literatur mitgestaltet. Im Gespräch merkt man schnell, dass sich Julia Vent nicht nur auf die Lösung medizinischer Probleme beschränkt. Im Jahr 2011 wird sie als Paul-Harris-Fellow von Rotary für ihre Unterstützung des Ausbildungsprojektes Ceno geehrt, in dem Ausbildungspaten jungen Menschen bei der Er-langung eines Schulabschlusses und der Suche nach einem Ausbildungsplatz zur Seite stehen. Außerdem ist sie Rotarybeauftragte für das Projekt »4 L, lesen lernen – leben lernen«, das bundesweit das Leseverständnis von Schülerinnen und Schülern der 1. bis 7. Klassenstufe fördert. »Bildung ist unser größter Luxus«, sagt Julia und setzt ihre Philosophie tatkräftig um.

Die Privatpraxis für HNO-Heilkunde, Ästhetische Medizin, Schlafmedizin, Tauch- und Reisemedizin sowie Musikermedizin bietet Julia Vent die Möglichkeit, wissenschaftliche Erkenntnisse mit menschlicher Empathie zu vereinen. »Das besondere an meiner Praxis und Tätigkeit«, erklärt die schlanke Frau mit den langen glatten Haaren, »liegt darin, dass ich die höchsten wissenschaftlichen Erkenntnisse mit der sogenannten normalen Medizin und Ästhetik kombiniere.« All ihre Qualifikationen hätten letztendlich das eine Ziel: den Patienten ideal zu versorgen, erklärt sie, »ganz nach seinem Wunsch und den mannigfaltigen Möglichkeiten.« Ein Patient lobte in den ersten Tagen nach der Praxiseröffnung: »Hier ist ein Ort, an dem man wirklich gesund werden kann.« In ihrer freien Zeit zieht Julia Vent gern durch Museen und Galerien und frönt ihrer zweiten großen Passion, der Kunst. Schließlich hätten Künstler und Ärzte viel gemeinsam, erklärt sie. Beide müssten gut beobachten können. Dann lächelt Prof. Dr. Dr. Julia Vent schelmenhaft. »So habe ich im Nachhinein doch beide Leidenschaften kombinieren können«, sagt sie, »die für darstellende und die für heilende Kunst.«

Tatiana de Weber
Weddingplaner und Eventmanagerin der Extraklasse

Tatiana de Weber wurde 1973 in São Paulo, Brasilien, geboren. Als Tochter eines Anwalts und einer Innenarchitektin besuchte sie die Deutsche Schule in São Paulo, wo sie 1991 ihr Abitur ablegte. Es folgte ein Studium der Medienwissenschaften und Germanistik mit Abschluss im Jahr 1996 an der Albert-Ludwigs-Universität in Freiburg. 1998 heiratete sie einen Kölner Arzt, mit dem sie heute drei Söhne hat. Nach diversen Stationen bei der Deutschen Welle, dem Könemann Verlag und dem WDR entschloss sie sich 2014 zur Selbstständigkeit. Heute plant und konzipiert sie ungewöhnliche Feste und Hochzeiten in Deutschland und im Ausland.

> Querdenken, kreatives Schaffen –
> das ist nichts für Furchtsame.
>
> Tatiana de Weber

Die überdimensionale Erdbeere krönt das Dach einer Villa. Blutrot ist der Himmel, wie auch der Granatapfel. Ein blauer Schmetterling nimmt die Farbe eines bunten Pfaus auf und scheint mit der Außenfassade der Villa zu verschmelzen. Umrahmt von einer zarten blassrosa Tulpe sitzt ein kobaltblauer Kolibri auf dem Zweig eines Zitronenbaums. Traumhafte Elemente verbinden Exotik mit realer Architektur und erwecken einen Paradiesgarten zum Leben. Die Explosion von Farbe und zauberhafter Zartheit dieser Hochzeitspapeterie spiegeln das Konzept ›Secret Garden‹, inszeniert von Tatiana de Weber für eine außergewöhnliche Hochzeit.

Jedes Brautpaar hat seine eigene Geschichte«, erklärt sie ihr Vorgehen bei der Gestaltung einer Hochzeit. »Wo haben sie sich kennengelernt, welche Hobbys oder Vorlieben sind ihnen wichtig, was eint sie?« Mitten im Thema zeigt sie auf eines ihrer vielen Moodboards, die als willkürliche Zusammenstellung vieler Elemente erscheinen, und doch in jedem Detail durchgeplant sind. »Meine wichtigsten Werkzeuge sind meine Schere und mein Kleber«, erklärt die energiegeladene Südamerikanerin. »Damit verbinde ich die vielen Elemente, die später zu einem ganzen Erlebnis verschmelzen.« Im Fall von ›Secret Garden‹ spielt die Architektur eine wichtige Rolle, denn das Brautpaar hat sich durch den Beruf und die Liebe zur Ästhetik kennengelernt. »Schöne Architektin trifft charmanten Bauherrn, so begann deren einzigartige Liebesgeschichte.« Im Laufe vieler Gespräche erkennt Tatiana weitere wichtige Elemente, die später im Konzept der Hochzeitsplanung wieder auftauchen. »Die Leidenschaft für ferne Reisen in exotische Länder und fremde Kulturen verbinden das Paar – perfekte Zutaten für ein traumhaftes Design.«

Wie ein roter Faden zieht sich der Paradiesgarten, den Tatiana kreiert, durch das Hochzeitsprojekt, das weitaus mehr beinhaltet als eine einfache Planung. »Ich habe alle nötigen Zulieferer in meinem Portfolio, von Stylisten über Caterer, Floristen bis

hin zu DJs, und auch ausgefallene Locations, die immer öfter im Ausland zu finden sind«, erzählt sie. Die Kunst bestehe nicht darin, eine Hochzeit zu organisieren, sondern darin, ein unvergessliches Erlebnis in eine eigene Welt zu verpacken. Zurückkommend auf den »Secret Garden«, beschreibt sie das gewagte Projekt: »Ich habe einen exotischen Garten zum Leben erweckt, komplett mit Vögeln, Schmetterlingen und überdimensionalen Früchten.« Zauberhafte Blumen des Paradieses treffen auf architektonische Elemente in Schwarzweiß. Nicht nur die üppige Papeterie gibt ihr Konzept wieder, sondern auch die zarten Blumenarrangements auf den Tischen und die florale Szenerie mit Wiesengräsern, die sich um die Säulen der Villa winden und jeden Saal mit dem nächsten verbinden. Alles ist durchdacht – von der Save-the-Date-Karte, der Einladung, der Dankeskarte und den mit dem Monogramm des Brautpaars versehenen Pralinen bis hin zur himmlischen Hochzeitstorte, die mit unzähligen Blüten dekoriert ist. »Meine Mutter ist Innenarchitektin und hat mich sehr geprägt«, erklärt Tatiana ihre ersten Berührungen zum Interior Design. »Lange vor den Zeiten von Pinterest und ähnlichen Portalen hat sie für ihre Kunden alles minutiös geplant und aufgezeichnet.« Schon als Kind habe sie die Mutter oft begleitet und sei beeindruckt davon gewesen, wie die Innenarchitektin in einem Rohbau ein fertiges Konzept sah, plante und präsen-

tierte. »Farben, Stoffe, Tapeten und mehr hat sie zusammengetragen – wie eine Explosion von Elementen. Es hat mich fasziniert zu beobachten, wie sich später alles zu einer großen Einheit fügte.«

Eigentlich hatte Tatiana de Weber vor, entweder eine diplomatische Karriere einzuschlagen oder Übersetzerin zu werden, da sie die deutsche Sprache liebt. Dies ändert sich, als sie ihren späteren Mann, einen Kölner, während des Studiums in Freiburg kennenlernt. Ihm folgt sie in die Domstadt. »Die Feierfreude der Kölner trifft sich gut mit meinem brasilianischen Temperament und hat sicher auch mit zu meinem heutigen Beruf beigetragen.« Zunächst aber arbeitet sie für die Deutsche Welle. »Als die Redaktion Ende 1999 nach Bonn umzog, bewarb ich mich auf eine Anzeige des Könemann Verlags und bekam die Stelle.« Zwei Jahre lang leitet sie dort das portugiesisch-brasilianische Lektorat, bevor sie mit ihrem ersten Sohn schwanger wird und 2001 in Mutterschutz tritt. Der zweite Sohn folgt bald, so dass an Berufstätigkeit zunächst nicht zu denken ist. »Erst nachdem mein zweiter Sohn das Kindergartenalter erreicht hatte, bewarb ich mich 2006 wieder und erhielt beim WDR eine Stelle in der Redaktion für den Kölner ›Tatort‹.« Doch die Arbeitszeiten lassen sich nur schwer mit der Familie vereinbaren, und so entschließt sie sich, neue Wege zu gehen und die Leidenschaft, mit der sie jedes ihrer privaten Feste organisiert, zum Beruf zu machen, zumal Freunde, Verwandte und Kollegen sie ständig um Tipps bitten. Nach dem Erstellen einer ebenso charmanten wie aussagestarken Homepage präsentiert sie ihre Konzepte erstmals auf einer Hochzeitsmesse. Bei der Gestaltung des 40 Quadratmeter großen Standes überlässt Tatiana de Weber nichts dem Zufall und das Ergebnis – ein gezeichneter Saal mit integrierten 3-D-Möbeln und Torten – begeistert alle Messebesucher. Tatiana de Weber macht Furore und ist seitdem fest im Geschäft. Die Einzigartigkeit ihrer Konzepte liegt darin, dass sie stets ohne Scheu immer wieder Neues wagt. Trends interessieren sie dabei genauso wenig wie Hochzeitskataloge oder Magazine. Frei nach

Steven Kotlers »Kreativität ist nichts für Furchtsame« geht die temperamentvolle Brasilianerin ganz in ihrer Arbeit auf. »Am besten erhole ich mich in meinem Atelier, wenn ich mit Kleber und Schere all das zusammentrage, was die spätere Veranstaltung so einzigartig macht.« Die Papeterie sei oft der Anfang, denn mit den grafischen Elementen könne man den roten Faden spinnen, der später in jedem Detail wieder sichtbar wird. »Wie auf der Great-Gatsby-Hochzeit«, erinnert sie ein weiteres Highlight ihrer Event-Organisation. »Dort haben wir alles in Schwarz, Gold und Weiß gehalten, von der Tischdeko über die Einladungskarten bis hin zum Porzellan. Sogar die Blumen und die sogenannte Schreibbar folgen dem Schema. Für das Gästebuch habe ich lose Papyrus-Seiten neben eine noch funktionierende antike Schreibmaschine aus der damaligen Zeit gelegt.« Die von Gästen darauf getippten Worte wurden später zu einem Gästebuch als einzigartige Erinnerung an das stilvolle Hochzeitsfest gebunden.

Destination Weddings entwickeln sich zu einem weiteren wichtigen Kapitel ihrer Agentur. »Der Wunsch nach der ganz besonderen Zeremonie an einem ungewöhnlichen Ort erfreut sich großer Beliebtheit«, sagt sie. »Neben dem eigentlichen Moment der Trauung kommt noch eine ganze Reihe unvergesslicher Eindrücke hinzu.« Dann schmunzelt sie: »Damit der unvergesslichste Tag im Leben auch im Ausland gelingt, bedarf es in der Tat einer sehr präzisen Planung, zahlreiche kleine und große Puzzleteile müssen perfekt zusammengefügt werden. Dazu kommen ungeahnte bürokratische Hürden.« Mit einem schwungvollen Kopfnicken, bei dem die langen dunklen Haare durcheinanderwirbeln, betont sie: »Dabei helfen meine brasilianischen Wurzeln sehr. Wir sind nämlich Meister in der Improvisation.« Dass ihre Veranstaltungen mehr Kunstwerk als Konzept sind, überzeugt auch die Jury des 4. Deutschen Hochzeitskongresses. 2018 gewinnt sie den kreativen Wettbewerb und weist mit einem charmanten Lächeln auf ihr Lebensmotto: »Man muss mit allem rechnen, auch mit dem Schönen!«

Andrea Widmann

Nicht größer als andere, aber auch nicht kleiner

Andrea Widmann geb. Schulte wurde 1966 in Menden als mittleres von drei Kindern geboren. Ihr Vater war Geschäftsführender Gesellschafter des Familienunternehmens Echt & Co., ihre Mutter Hausfrau. Nach ihrem Abitur im Jahr 1985 studierte Andrea Schulte Betriebswirtschaft an der Universität zu Köln und absolvierte 1988 ein sechsmonatiges Praktikum bei der JP Morgan Bank in New York. 1992 machte sie in Köln ihren Abschluss als Diplom-Kauffrau und arbeitete zunächst von 1993 bis 1995 als Wirtschaftsprüfungsassistentin bei PricewaterhouseCoopers in Düsseldorf. 1995 zog sie als Mitarbeiterin im Controlling für einen großen Automobilzulieferer nach München, bevor sie 1996 ins elterliche Unternehmen ECO Schulte GmbH & Co. eintrat und 1997 Bernhard Widmann heiratete. Heute ist Andrea Widmann als Geschäftsführende Gesellschafterin verantwortlich für den gesamten kaufmännischen Bereich der ECO Unternehmensgruppe. Sie lebt mit ihrem Mann und dem jüngeren ihrer beiden Söhne in Menden. Der ältere Sohn, Justus, studiert wie seine Mutter Betriebswirtschaft an der Universität zu Köln. Andrea Widmann war neun Jahre Vorstandsmitglied im Förderverein der Albert-Schweitzer-Schule in Menden, ist Mitglied der Vertreterversammlung der Märkischen Bank und der Berliner Volksbank, Mitglied der Vollversammlung der Südwestfälischen Industrie- und Handelskammer zu Hagen (SIHK) und unterstützt ehrenamtlich gemeinsam mit ihrer Familie und dem Unternehmen das Europäische Jugendparlament und einen großen heimischen Sportverein.

1992 bewirbt sich Andrea als junge Diplom-Kauffrau bei PricewaterhouseCoopers in Düsseldorf. »Mir war wichtig, mich erst einmal beruflich woanders als im Familienunternehmen zu beweisen«, führt sie aus und erinnert an eine lustige Anekdote: »Bei meinem Einstellungsgespräch fragte ich nach dem Verhältnis zwischen Männern und Frauen und wurde grundlegend missverstanden. Mein späterer Vorgesetzter schaute verdutzt und meinte dann nur »gut«, schließlich hätte er hier seine Frau kennen gelernt.« Obwohl sie mit ihrer Frage die prozentuale Quote zwischen den Geschlechtern im Sinn hat, lernt Andrea tatsächlich ihren späteren Mann Bernhard bei einem gemeinsam besuchten Seminar im Unternehmen kennen.. Als sie schließlich ins Familien-unternehmen zurückkehrt, ist sie glücklich verheiratet – und übernimmt später als zweifache Mutter gemeinsam mit ihren beiden Brüdern die Geschäftsführung,

Meine Mutter musste mit mir und meinem knapp dreijährigen Bruder Heiner allein zurechtkommen«, erzählt Andrea Schulte die ersten Jahre ihrer Kindheit. Ihr Vater ist nur 14 Monate nach der Geburt von Andrea erst 29-jährig während eines Fußballspiels verstorben. Fünf Jahre später heiratet die Mutter erneut, diesmal den jüngeren Bruder des Vaters. »Wir hatten ein sehr intensives Familienleben«, führt sie aus, »das Unternehmen war natürlich ein wesentlicher Bestandteil unserer Abläufe.« 1976 wird Bruder Tobias geboren. Alle drei Kinder bekommen die Entwicklung des Unternehmens hautnah mit, arbeiten als Jugendliche nach der Schule entweder am Fließband oder in der Logistik beim Verpacken, später dann in der Verwaltung. Betriebliches wird gern am Esstisch in der Familie besprochen, Herausforderungen und Probleme genauso wie Erfolge. Trotz des großen Altersunterschiedes zu Tobias haben die Geschwister eine starke, vertrauensvolle Verbundenheit.. »Unsere Eltern vermittelten uns die richtigen Wertevorstellungen«, sagt Andrea, »vor allem Sicherheit und Vertrauen.« Diese Wertevorstellungen ziehen sich wie ein

roter Faden durch ihr berufliches Leben. Als Geschäftsführerin wird es ihr später besonders wichtig sein, sie im Unternehmen vorzuleben.

Dass Andrea später einmal ins Unternehmen einsteigen wird, steht für sie immer fest. Nach ihrem Abitur in Menden zieht es die junge Frau jedoch zunächst nach Köln, wo Verwandtschaft lebt. Hier belegt sie 1985 ein Studium der Betriebswirtschaft und schiebt 1988 ein Praktikum in New York bei der JP Morgan Bank ein. »In New York bin ich richtig erwachsen geworden«, sinniert sie und empfindet die sechs Monate dort als Meilenstein in ihrem Leben, »ich lernte, mich in einer fremden Kultur durchzusetzen und kosmopolitisch zu denken.« Als ihre Mutter 1992 unerwartet verstirbt, befindet sich Andrea Schulte mitten im Examen für ihr Betriebswirtschaftsstudium in Köln. »Plötzlich war ich die einzige Frau unter drei Männern«, erinnert sich die blonde Unternehmerin aus dem Sauerland und meint damit ihre beiden Brüder und ihren Vater. »Meine Mutter war immer für uns Kinder da gewesen. Sie und mein Vater haben mich in meiner Jugend sehr stark geprägt. Es war

„

Wer führt,
muss auch präsent sein!

Andrea Widmann

eine sehr schwierige Situation, auch, weil mein jüngerer Bruder noch die Schule besuchte.«

Ihre erste Stelle tritt sie bei Pricewaterhouse-Coopers in Düsseldorf an. Bis 1995 bleibt sie als Wirtschaftsprüfungsassistentin bei PWC und kann dort gute Erfahrungen im Controlling und Finanzwesen sammeln. »Auch die Stadt Düsseldorf mochte ich sehr und treffe mich dort heute noch gern mit einer Freundin zum Shoppen«, erzählt sie. Trotzdem kommt sie an jedem Wochenende nach Menden zurück, um sich um die Familie zu kümmern. »Der Mittelpunkt unserer Familie war ja nach dem Tod unserer Mutter nicht mehr da.« 1995, da hat Tobias die Schule abgeschlossen, entscheidet sich Andrea, praktische Erfahrungen bei einem Produktionsunternehmen zu sammeln. »Ich wollte beide Seiten kennenlernen«, sagt sie, »nicht nur die Sicht eines Wirtschaftsprüfers, sondern auch die Sicht eines Herstellers.« Von 1995 bis 1996 arbeitet sie als Mitarbeiterin im Controlling für einen großen Automobilzulieferer in München und kehrt anschließend zurück, um ins elterliche Unternehmen einzutreten. Nach ihrer Heirat 1997 macht sich Andreas Mann zusammen mit Kollegen als Steuerberater und Rechtsanwalt selbstständig. 1998 wird Justus geboren. »Ich war als berufstätige Mutter in Menden ein Exot«, schmunzelt Andrea, die bereits sechs Wochen nach der Geburt ihre Arbeit wieder aufnimmt. »Was noch heute oft mit Schwierigkeiten verbunden ist, war damals viel schwieriger.« Ohne Kitas und flexible Kindergärten sei es fast unmöglich gewesen, Familie und Beruf zu vereinen. »Dank der Hilfe einer engagierten, liebevollen Kinderfrau habe ich es geschafft und bin der Überzeugung, dass es eine Bereicherung für das Familienleben ist, wenn sich auch die Frau durch ihre Arbeit verwirklichen kann.« Diesen Standpunkt hat sie später in das Unternehmen eingebracht. »Wir haben als Arbeitgeber großes Verständnis für unsere jungen Mütter und gewähren ihnen eine gewisse Flexibilität am Arbeitsplatz, um sich in Notsituationen jederzeit um ihre Kinder kümmern zu können.« Ein beidseitiges Vertrauen, das Sicherheit vermittelt.

1926 ist das Unternehmen Echt & Co. in Menden von Heinrich Schulte und seinem Geschäftspartner

Echt als Stanzbetrieb gegründet worden. Mitte des letzten Jahrhunderts beginnt das Unternehmen, Kunststoffbeschläge mit Stahlkern und Türbänder für Feuerschutztüren zu produzieren, und weitet die Produktpalette in den 70ern aus. 1972 erfolgt die Umbenennung in ECO Schulte GmbH & Co. K.G. Bis heute hat sich ECO Schulte zu einem der führenden Anbieter in den Bereichen Sicherheit, Brandschutz und Fluchtwegsicherung etabliert, hat weltweit 600 Mitarbeiter und Tochterfirmen in Österreich, Frankreich, Polen, Dänemark und China. »Grundlage für die Produktentwicklungen unseres Unternehmens«, führt Andrea aus, »ist die Rettung von Menschenleben. Wir sind Hersteller von hochwertigen Türfunktionssystemen; Standardschlösser gehören genauso zum Produktportfolio wie komplexe Panikverriegelungssysteme, wie sie an Flughäfen, Großprojekten oder Hotels eingesetzt werden. Mit den ECO-Produkten haben wir insbesondere in den letzten 10 Jahren diverse Auszeichnungen und Designpreise wie iF Award, reddot Design Award und German Design Award erhalten.«

Bereits im Studium hat Andrea Widmann durch die Wahl ihrer Schwerpunktfächer den Weg in die Welt der Finanzen und des Controllings gefunden. Auch das hat ihren Charakter geprägt. Sie tritt beruflich stets mit Bedacht auf und wählt ihre Worte bewusst und kontrolliert. »Kontrolle und Transparenz sind mir wichtig, in allen Bereichen«, gibt die Sauerländerin mit den blonden Haaren zu. Kontrolle und Transparenz führten zu mehr Sicherheit und damit auch zu Autonomie und Freiheit, sagt sie und ist gleich wieder bei den Werten, die ihr Leben bestimmen. »Sicherheit und Vertrauen«, beteuert sie, »ermöglichen u. a. den Erfolg, den wir vorweisen.« Seit ihrem Einstieg habe sie einige Prozesse geändert: »Ich lege viel Wert auf eine gute und offene Kommunikation.« Wobei sie gleich beim zweiten Thema angelangt ist, das ihr am Herzen liegt. »Ich habe ein gutes Standing mit unseren Banken, weil ich alle Belange offen und klar kommuniziere.« Besonders habe ihr das in den Zeiten der Wirtschaftskrise geholfen. »Von einem Tag auf den anderen sind die Bestellungen ausgeblieben, wir brauchten aber Wachstumskapital, um weiterzumachen, und mussten Teilzeitarbeit einführen.« Offen-

heit und Klarheit seien jedoch nicht nur in solchen Momenten eminent wichtig. »So wie offene Türen in Paniksituationen Menschenleben retten können und sich dadurch für ihre Sicherheit einsetzen lassen, so praktiziere ich auch die ›offene Tür‹ in meiner Kommunikation mit allen Mitarbeitern.« Durch klare Kommunikation fördere sie das Verständnis der Mitarbeiter für die strategische Ausrichtung des Unternehmens und gebe ihnen das Vertrauen in die Sicherheit ihrer Arbeitsplätze. »Das Ganze ist mehr als die Summe seiner Teile«, erklärt Andrea Widmann das Fundament der ECO-Philosophie. »Das Zitat von Aristoteles lässt sich sowohl auf unsere Produktlinie beziehen wie auch auf das Miteinander mit unseren Mitarbeitern.« Eine permanente Ausrichtung auf die Unternehmensziele und deren konsequente Verfolgung steht ganz oben auf der Prioritätenliste der Geschäftsführerin. Durch Transparenz in den Strukturen, in der Organisation und bei den Prozessen setzt sie dies konsequent um. »Am wichtigsten ist mir, dass alle gemeinsam brennen für das, was wir tun.«

2004 wird der zweite Sohn, Maximilian, geboren. Das Unternehmen expandiert, zuerst nach Polen und dann nach China, wo Andrea den Bereich Finanzen und Controlling aufbaut. Die drei Geschwister gewinnen durch Fleiß und vollen Einsatz mehr Einfluss im Unternehmen – Einfluss, den sie zu dessen Weiterentwicklung nutzen. Es erweist sich, dass auch die jüngere Generation das Unternehmer-Gen in sich trägt und eigene Vorstellungen von der künftigen Unternehmensentwicklung hat. Wie in vielen Familienunternehmen läuft die Übergabe an die nächste Generation nicht ohne Reibungsverluste ab, aber sie gelingt. Vor der Übergabe im Jahr 2010 ist es erforderlich, eine schwierige Entscheidung zu treffen. »Wie so oft wird den Änderungen, die Nachfolger durchsetzen möchten, mit Skepsis begegnet«, begründet Andrea ihren Entschluss im Jahr 2006, das Unternehmen zu verlassen. »Zu groß waren unsere Differenzen geworden. Ich konnte das mit meiner Überzeugung nicht vereinbaren.« Schweren Herzens und todtraurig entscheidet sie sich, einen anderen Weg zu gehen, und ist in Gesprächen, eine Tätigkeit als Beraterin aufzunehmen. Schnell erweist sich, dass die von ihr hinterlassene Lücke

im Unternehmen nicht auszufüllen ist. »Das Abnabeln war für mich ein schwerer, aber wichtiger Prozess«, gibt sie zu. Als sie Ende 2007 in das Unternehmen zurückgerufen wird, werden im Anschluss alle drei Geschwister zu Geschäftsführenden Gesellschaftern ernannt. »Der Neuanfang war gut«, erklärt sie. Wieder führen klare Strukturen und offene Worte zu Vertrauensgewinn und damit einem sicheren Weg für weiteres Wachstum. »Unser Vater führt seine langjährige ausgezeichnete unternehmerische Tätigkeit als unser Beirats-Vorsitzender seit dem Jahr 2010 fort.« Doch die Herstellung von sicherheitsrelevanten Produkten sowie der Einsatz für die engagierten Mitarbeiter ist ihr längst nicht genug. Ihre Leidenschaft für die »offene Tür« setzt sie weitsichtig auch in Gesellschaft und Politik ein. Seit vielen Jahren unterstützt ECO Schulte ehrenamtlich das Europäische Jugendparlament. »Besonders mein Vater engagiert sich unermüdlich hierfür«, freut sich Andrea, die sich als Unternehmerin verpflichtet fühlt, sich auch in politische Themen einzubringen. Eine vom polnischen Künstler Darius »Kodar« Kowalski vor dem Standort Menden aufgestellte Skulptur mit dem Titel »Ein Zeichen des Friedens und der Freiheit« symbolisiert den Fall der Mauer und die anschließende europäische Entwicklung. »Ein weltoffenes und kompromissbereites Europa ist aus meiner Sicht der wichtigste Grundpfeiler für Sicherheit und Vertrauen in unserem Land.« Zum Abschied führt Andrea durch die Eingangshalle vorbei an Stanzmaschinen der Gründerzeit. Mit einem schelmischen Lächeln deutet sie auf die überzogene Interviewzeit. »Ich habe eine gewaltige Macke«, meint sie. »Ich bin notorisch unpünktlich und besitze noch nicht einmal eine Uhr.« Eine sympathischer Makel an der sonst so überaus kontrollierten Frau.

Gudrun Winner-Athens
Mit strategischem Geschick an die Spitze

Gudrun Winner-Athens wurde 1955 in Iserlohn als ältere Tochter eines Spediteurs geboren. Nach ihrem Abitur studierte sie Wirtschaftswissenschaften in Münster und Göttingen und schloss im Jahr 1980 als Diplom-Kauffrau ab. Danach trat sie in die familieneigene Winner Spedition im sauerländischen Iserlohn ein und wurde 1984 deren Geschäftsführende Gesellschafterin. 1990 wurde sie zum Verwaltungsratsmitglied der Deutschen Gesellschaft für kombinierten Güterverkehr mbH gewählt, dessen Vorsitzende sie seit 2002 ist. Für ihre Branche engagierte sie sich in unterschiedlichen Gremien, so seit 2000 als Aufsichtsratsmitglied in der Vereinigung Deutscher Kraftwagenspediteure in Bonn, von 2001 bis 2009 als Vorsitzende des Verkehrsausschusses beim Deutschen Industrie- und Handelskammertages in Berlin und seit 2009 bis 2018 als Mitglied des Gesamtvorstandes beim Deutschen Speditions- und Logistikverband. Sie ist Vizepräsidentin sowie Mitglied der Vollversammlung der SIHK zu Hagen und Vorsitzende der Wirtschaftsinitiative Nordkreis e. V. (WIN e. V.) im Städteverbund Iserlohn, Hemer, Menden und Balve. 2014 wurde sie als erste Frau mit dem begehrten LEO Award als Unternehmerin des Jahres ausgezeichnet. Sie lebt mit ihrem Mann und Tochter Anna, die seit 2016 Head of Human Ressources bei der Winner Spedition ist, in Iserlohn.

Ein Fest zur Einweihung eines Containerterminals verschafft der jungen Gudrun Winner ihren ersten großen Auftrag. Dabei erweist sich der Auftraggeber zunächst als harte Nuss. »Ich war erst relativ kurz im Unternehmen und arbeitete in der Disposition«, erzählt sie die Anekdote. »Ich fragte unsere Fahrer, mit denen ich schon seit meiner Kinderzeit bekannt war, ob ihnen ein Unternehmen aufgefallen sei, das für uns interessant sein könnte.« Tatsächlich weist einer der Fahrer auf einen Batterie-Hersteller in Hagen hin, der sicherlich interessante Ladungen zu transportieren habe. »Also rief ich an und sprach mit dem Logistikleiter«, erklärt die gestandene Spediteurin ihre erste Kontaktaufnahme. »Innerhalb von 10 Sekunden hat der mich so abgekanzlt, dass ich total baff war« – was sie aber nicht davon abhält, es weiter zu versuchen. »Bei jedem Versuch erklärte er mir kurz und knapp, er wäre nicht an einer Zusammenarbeit interessiert.« Auf ihren Hinweis, Spediteure seien halt hartnäckig, habe er sich nicht eingelassen, und der Kontakt bricht zunächst ab. Bei einer Portal-Kraneinweihung einige Monate später will es der Zufall, dass sie neben eben diesem Herrn sitzt, der amüsiert ihrem witzigen Schlagabtausch mit einem Vertreter der Deutschen Bahn lauscht. Schnell kommt man ins Gespräch, das Eis ist gebrochen und sie bekommt am nächsten Tag einen Termin, der zu einer langjährigen Geschäftsbeziehung zwischen beiden Unternehmen führt.

Sauerländer haben den Ruf, stur zu sein. Gudrun Winner-Athens macht dem alle Ehre. Als ältere von zwei Töchtern 1955 in Iserlohn geboren, spielt sie als Kind trotz wiederholter Verbote auf dem Gelände der familieneigenen Spedition, nach eigenen Worten »zwischen Fettpresse und Sackkarre«. Mit ihren Eltern und der um fünf Jahre jüngeren Schwester Heike lebt sie zunächst in einer Wohnung mitten im Familienbetrieb, an dem neben ihrem Vater auch dessen Bruder beteiligt ist. Zwischen den Familien herrscht große Harmonie. »Wenn es doch mal gekracht hat, gingen die beiden Brüder ins Jagdrevier und kamen schnell auf andere Gedanken.« Die Passion für die Jagd teilen fast alle Familienmitglieder. Auch Gudrun begeistert sich dafür. »Als ich sechs Jahre alt wurde, durfte ich mit meinem Vater auf die Pirsch«, erzählt sie mit leuchtenden Augen, »und kümmerte mich später um die Aufzucht seiner Jagdhunde.« Bei Fahrern und Angestellten ist das aufgeweckte Mädchen beliebt, und auch in der ortsansässigen evangelischen Kirchengemeinde wird sie gerne gesehen. »Wir hatten einen großartigen Pastor, der mich sehr geprägt hat«, erzählt sie. »An den Sonntagen fiel

es mir zu, den Kindern die Lesung aus der Bibel altersgerecht zu vermitteln.« Eine frühe Übung im freien Sprechen, die ihr später sehr zugute kommen soll.

Nach Abschluss des Abiturs am Gymnasium in Iserlohn-Letmathe schreibt sich Gudrun an der Wilhelms-Universität in Münster ein, um dort ein wirtschaftswissenschaftliches Studium aufzunehmen. »Mir war immer klar, dass ich in den Familienbetrieb gehen würde«, erklärt sie ein ungeschriebenes Gesetz im Familienunternehmen, wonach nur ein Nachkomme einer jeden Linie im Unternehmen arbeiten darf. »Heike hat lieber Jura in München studiert und ist dort geblieben.« 1981 tritt die frisch gekürte Diplomkauffrau in die Winner Spedition ein und erhält bereits 1982 Prokura. »Ich habe alle Abteilungen durchlaufen«, erinnert sich die zierliche Frau an die harte Einarbeitungszeit in der von Männern dominierten Branche. »Mein Onkel sah meine Zukunft in der Finanzbuchhaltung«, lacht sie. Das sei das Richtige für eine Frau, die später heiraten und Kinder bekommen wolle, meinte er. Gudrun jedoch hat ihren eigenen Kopf und setzt sich, wie schon als Kind, durch.

»Ich wollte immer in den Vertrieb und wurde tatsächlich nur sechs Monate nach meinem Eintritt von meinem Vater in unsere Niederlassung nach Hamburg geschickt.« Mit Adressenlisten in der Tasche soll sie neue Auftraggeber ansprechen und Transportvolumen akquirieren. »In Zeiten ohne Navi ein Alptraum«, denkt sie schaudernd zurück. »Manchmal saß ich heulend im Auto und wusste nicht weiter.« Doch dank ihres Durchsetzungswillens überwindet sie schwache Momente, und ihr charmantes Auftreten beschert ihr pro Besuch mindestens einen »Treffer«. »Das eine oder andere Mal hatte mein Ansprechpartner vielleicht einfach nur Mitleid mit einer so unerfahrenen, aber sicherlich motivierten Frau«, gibt sie augenzwinkernd zu, aber sagt auch: »Um Menschen zu gewinnen, ist eine gewisse Begabung durchaus hilfreich. Man muss Empathie ausstrahlen und auf Stimmungen eingehen können.« Was heutigen Mitarbeitern in Seminaren beigebracht wird, liegt ihr schon früh im Blut.

1984 werden Gudrun und ihr Vetter Willi Winner jun. in dritter Generation Geschäftsführende Gesellschafter. Das Unternehmen verändert sich vom klassischen Eisen- und Stahlspediteur zum Spezialisten für die europaweite Güterverteilung von Edelstählen und Metallen. »Während andere sich auf standardisierte Güter fokussierten und Stückgutkooperationen eingingen, spezialisierten wir uns auf Transport und Umschlag von Lang-

gut«, erklärt Gudrun. Die Winner Spedition investiert und erweitert ihr Niederlassungsnetzwerk an strategisch wichtigen Standorten. »Bei unseren Umschlaganlagen verzichten wir auf Rampen und bauen reine Drive-in-Lager«, erklärt die sympathische Unternehmerin und zeigt aus dem Fenster ihrer Zentrale. »Die Lkw werden in den Hallen seitlich mit dem Stapler oder per Kran entladen.« Dies bedeute im Umschlag zwar einen höheren Manpower-Einsatz, doch die Einhaltung der Qualitätsnormen der hochwertigen Güter erfordert solche Maßnahmen. Heute gehört Winner zu den europaweiten Marktführern in diesem Segment.

»Manchmal weiß ich nicht, wie ich das alles geschafft habe«, meint sie, auch rückblickend auf ihre Heirat im Jahr 1985 und die Geburt der Tochter Anna drei Jahre später. »Ich habe ja immer weitergearbeitet und bin meiner Mutter unendlich dankbar, dass sie mir damals mit der Kleinen so viel geholfen hat.« Kitas habe es in ihrer Nähe noch nicht gegeben, und an eine Kinderfrau war nicht zu denken. »Es fiel mir so schon schwer genug, Anna zuhause zu lassen«, erzählt sie. »Oft habe ich auf dem Weg ins Büro die eine oder andere Träne verdrückt.« Diese Erfahrung möchte sie ihren Mitarbeiterinnen ersparen und setzt sich 1991 mit den Wirtschaftsjunioren aus Iserlohn erfolgreich dafür ein, dass auf dem eigenen Firmengelände ein gemeinsamer überbetrieblicher Kindergarten eingerichtet wird. Inzwischen in die nähere Um-

gebung umgezogen, ist dieser Kindergarten auch heute noch Anlaufstelle für junge Mütter im Unternehmen.

Seit 2002 ist Gudrun Winner-Athens Vorsitzende des Verwaltungsrates Deutsche Gesellschaft für kombinierten Güterverkehr in Frankfurt mbH und mit ihrem Unternehmen dort auch Gesellschafter. »Zum 25. Jubiläum wurde ich als Mitglied des Verwaltungsrates gebeten, im Rahmen der Festveranstaltung in Hamburg eine Rede zu halten.« Das Schlusswort »Damit wir auch in 25 Jahren noch sagen können: Hurra, wir leben noch!« ist zum geflügelten Wort im Hause Kombiverkehr geworden. Eine zutreffende Aussage, denn in diesem Jahr blickt Kombiverkehr auf 50 Jahre erfolgreiche Verkehrsverlagerung von der Straße auf die Schiene mit ca. 950.000 LKW-Ladungen p. a. zurück. Für den kombinierten Verkehr – den Gütertransport auf Straße und Schiene – brennt die bodenständige Sauerländerin, »weil es eine der intelligentesten Transportlösungen überhaupt ist.« Konsequent nutzt sie auf dem Italienkorridor den Kombinierten Verkehr, und eigene »Winner-Companytrains« fahren über Brenner und Gotthard. Und so werden die markanten Winner-Farben Rot und Blau längst nicht mehr nur auf den Autobahnen Europas gesehen. »Es gibt Eisenbahnliebhaber, die stundenlang an Bahnstrecken stehen, um Loks und Güterzüge zu fotografieren. Zum Glück senden sie uns diese Fotos;

die schönsten prämieren wir und sie bekommen einen eigenen Platz im Stammhaus.« Dort kennt man die Westfälin mit dem Hang zu extravaganter Mode als Chefin, die sich selbst und ihren Mitarbeitern viel abverlangt. »Einen Fehler lasse ich durchgehen«, erklärt sie. »Beim zweiten Mal wird es schwierig. Unachtsamkeit können wir uns als Dienstleister nicht erlauben.« Dennoch schwören ihre Mitarbeiter auf die Chefin, die zwar hart, aber auch herzlich sein kann und muss. »Ich liebe klare Lösungen«, sagt sie mit Nachdruck, »weshalb mich der eine oder andere als ungeduldig erlebt.« Den Erfolg der Spedition als Spezialist und Marktführer für den europaweiten Transport von Langgut mit 550 Mitarbeitern, 17 Niederlassungen in Deutschland und 4 Tochtergesellschaften in Italien, Polen, Tschechien und Österreich gibt ihr Recht. Viel Zeit, um selbst weite Reisen zu unternehmen, bleibt der bodenständigen Logistikerin nicht. »So oft ich kann, gehe ich mit meinem Mann und unserem Hund zur Jagd in den heimischen Wald.« Und genauso gern, wie es ihren Landsleuten im Sauerland zugesprochen ist, feiert sie mit Freunden bei einem guten Essen in geselliger Runde.

Mit der ihr eigenen Dynamik und sprühendem Temperament kehrt Gudrun Winner-Athens dann am nächsten Tag engagiert an ihren Schreibtisch zurück, weil ihr die Arbeit im Familienunternehmen nach wie vor Spaß macht und sie die weitere Entwicklung als Herausforderung sieht.

Kontaktdaten

Helen Becker (S. 10)
Bestattungshaus Becker GmbH
Drachenburgstraße 81-83
53179 Bonn

Tel. 0228 34 29 61
info@bestattungshaus-becker.de
h.becker@bestattungshaus-becker.de
www.bestattungshaus-becker.de
· · · ·
Karin Burmeister (S. 16)
Friesenstraße 50
50670 Köln

Tel. 0221 92 28 85 -40   fax 0221 92 28 85 -42
karin.burmeister@burmeisterundpartner.de
www.burmeisterundpartner.de
· · · ·
Dr. Elisabeth Decker (S. 22)
Geschäftsführerin
Meavision Media GmbH
Godesberger Allee 73
53175 Bonn

Tel. 0228 94 90 5-10   fax 0228 94 90 5-20
e.decker@meavision.de
www.meavision.de
Facebook: Meavision
Instagram: meavision
Linkedin: meavision-media-gmbh
Xing: meavisionmediagmbh

Facebook: elisabeth.decker1
Instagram: elisabeth.dckr
Linkedin: elisabeth-decker-1314947
Xing: Elisabeth_Decker/cv?sc_o=mxb_p
Vimeo: meavision
Youtube: werbefilmmacher
· · · ·
Mahmonir Degenring (S. 28)
Modedesignerin / Unternehmerin
Mahi Degenring Couture
Atelier: Homburger Papiermühle 7
51588 Nümbrecht
Tel. 02293 33 66   fax 02293 90 24 12

Flagshipstore: Brückenstraße 17
50667 Köln

Tel. 0221 25 75 661   fax 0221 25 75 663
info@degenring-couture.de
www.degenring-couture.de
www.degenring-brautmoden.de
Facebook: mahidegenringcouture
brautmodenbymahidegenring
Instagram: mahi_degenring_couture
Instagram: brautmoden_by_mahi_degenring
· · · ·

Petra Dieners (S. 34)
Fashion und Lifestyle Bloggerin
Lieblingsstil GmbH

Blogseite:
www.lieblingsstil.com
info@lieblingsstil.com
Facebook: Lieblingsstil
Instagram: Lieblingsstil
· · · ·
Ruth Orthaus-Echterhage (S. 40)
Geschäftsführung Marketing und Personalentwicklung
Echterhage Holding GmbH & Co. KG
ECO.PLAN GmbH & Co. KG Geschäftsführung
Plakart GmbH & Co. KG Geschäftsführung
Hönnestraße 45
58809 Neuenrade

Tel. 02394 616 65
info@e-holding.de
www.e-holding.de
www.eco-plan.de
www.plakart.de
Facebook:
Echterhage Holding GmbH & Co. KG
ECO.PLAN GmbH & Co. KG
Plakart GmbH & Co. KG
Instagram: echterhageholding
· · · ·
Anna-Rita Fanelli (S. 46)
Geschäftsführerin
ToscAnna, Magazin Bestens
Obere Remscheider Straße 7
42929 Wermelskirchen

Tel. 02196 88 29 633
fanelli@gmx.de
www.tosc-anna.de
www.mein-bestens.de
Facebook: MeinBestens
tosc.anna
· · · ·
Frauke Feess (S. 50)
FFEESS Consulting Group
Dominikanerstr. 4
40545 Düsseldorf

mobil 0160 11 88 722
ff@ffeess.de
www.ffeess.de

The Private Collectors Club
ff@private-collectors.club
www.private-collectors.club
Facebook: The Private Collectors Club
Instagram: @theprivatecollectorsclub

GERMANY 1000 Miles Tour
www.germany1000.de
Instagram: germany1000milestour
· · · ·

188

Sylvia Fehn-Madaus (S. 56)
Geschäftsführerin
Em Krützche Gaststätten GmbH
Am Frankenturm 1-3
50667 Köln

Tel. 0221 25 80 839
info@em-kruetzche.de oder
sylvia.fehn-madaus@em-kruetzche.de
www.em-kruetzche.de
Facebook: emkruetzche
Instagram: restaurant_em_kruetzche
· · · ·

Sarah-Janine Flocke (S. 62)
Geschäftsführerin
Flocke Kommunikation GmbH
Girardetstraße 72
45131 Essen

Tel. 0201 21 96 17 72
sarah-janine.flocke@flocke-kommunikation.de
www.flocke.kommunikation.de
· · · ·

Theresia Fuchs (S. 68)
Managerin - Bloggerin - Coach

theresiafuchs@outlook.de
Blog: www.fuchspower.net
Linkedin: theresiafuchs
Facebook: theresia.FOX
Instagram: theresiafuchspower
· · · ·

Dr. Elisabeth Futterlieb (S.74)
Künstlerin / Zahnärztin
Atelier: Wupperstrasse 37
40219 Düsseldorf

elisabeth.futterlieb@gmx.de
www.elisabethfutterlieb.com
Facebook. Elisabeth Futterlieb
Instagram: elisabethfutterlieb
· · · ·

Mariele Hense-Halbe (S. 80)
Studienrätin, Strategisches Management
Dr. Halbe Rechtsanwälte
Im Mediapark 6A
50670 Köln

m.h-h@gmx.de
www.medizin-recht.com
www.medizin-trifft-kunst.de
· · · ·

Claudia Hessel (S. 86)
Chefmoderatorin/Redakteurin
RTL WEST GmbH
Picassoplatz 1
50679 Köln

claudia.hessel@rtl-west.de
www.rtl-west.de
Facebook: claudia.hessel
Instagram: frauhessel
Twitter: ClaudiaHessel
Koordinationsleitung Offenbach-Jahr 2019
Vorstand Kölner Offenbach-Gesellschaft e. V.
hessel@koelner-offenbach-gesellschaft.org
hessel@yeswecancan.koeln
www.koelner-offenbach-gesellschaft.org
www.yeswecancan.koeln
· · · ·

Monika Huppertz und Annette Kapeller (S. 90)
Geschäftsleitung
IP for IP GmbH
Pommernstr. 4
69469 Weinheim

Tel. 06201 3 92 33-00   fax 06201 3 92 33- 17
info@ipforip.de
www.ipforip.de
· · · ·

Dr. Garnet Kasperk (S. 96)
Hochschullehrerin
Center for International Automobile Management
RWTH Aachen University
Templergraben 64
52062 Aachen

Tel. 0241 80 93 348
garnet.kasperk@rwth-aachen.de
www.ciam.rwth-aachen.de
· · · ·

Jutta Kirberg (S. 102)
Kirberg GmbH
Deutz-Mülheimer Str. 109
51063 Köln

Tel. 0221 28 48 200
info@kirberg-catering.de
www.kirberg-catering.de
Facebook: kirbergcatering
Instagram: kirberg_catering
Xing: Jutta_Kirberg
· · · ·

Dagmar Mayer (S. 108)
Repräsentantin des BVMW
Jean-Paul-Straße 3
51503 Rösrath

Tel. 02205 92 07 674
dagmar.mayer@bvmw.de
www.bvmw.de/bonn-rhein-sieg-kreis
· · · ·

Dr. Claudia Milbradt (S. 114)
Rechtsanwältin, Partner
Clifford Chance Deutschland LLP
Königsallee 59
40215 Düsseldorf

Tel. 0211 43 55-59 62
mobil 0151 25 03 73 62
claudia.milbradt@cliffordchance.com
www.cliffordchance.com/people_and_places/people/
partners/de/claudia_milbradt.html
www.cliffordchance.com/home.html
· · · ·
Petra Motte (S. 120)
Coach und Mediatorin, interkulturelle Trainerin
Dozentin an der DHBW Stuttgart
MOVASIS
Im Wolfhagen 25
42929 Wermelskirchen

Tel. 02054 93 886 50
petra.motte@movasis.com
www.movasis.com
Facebook: Movasis
Linkedin: petra-motte-2622501b
Xing: Petra_Motte
· · · ·
Dr. Katja Pütter-Ammer (S. 126)
Geschäftsführende Gesellschafterin
MEDICE Arzneimittel Pütter GmbH & Co. KG
Kuhloweg 37
58638 Iserlohn

Tel. 02371 937-151
k.puetter-ammer@medice.de
www.medice.de
· · · ·
Martina Richter (S. 132)
CEO
New Medic Era AB
Karlavägen 71
114 49 Stockholm SCHWEDEN

Tel. +46 (0) 8 544 853 00
mobil: +46 707 98 00 99
martina.richter@medicera.com

www.skinplan.com
www.infuzionsystem.com
www.kindball.com
Instagram: martinarichters
· · · ·

Francesca Santonocito Elstermeier (S. 138)
Geschäftsführende Gesellschafterin
Etnea Kosmetik Gmbh
Kölner Straße 19
41334 Nettetal

Tel. 02157 14 496-56
info@etnea-kosmetik.de
www.etnea-kosmetik.de
Facebook: EtneaKosmetik
Instagram: etneakosmetik
· · · ·
Anna Schneider (S. 142)
Inhaberin, Gold- und Silberschmiedemeisterin
BRAUKSIEPE GOLDSCHMIEDEMANUFAKTUR GbR
Meisenburgstraße 266
45219 Essen-Kettwig

Tel. 02054 93 886 50
info@brauksiepe-goldschmiedemanufaktur.de
www.brauksiepe-goldschmiedemanufaktur.de
Facebook: Brauksiepe Goldschmiedemanufaktur
Instagram: brauksiepe_schmuck
· · · ·
Dr. Hildegard Stausberg (S. 148)
Publizistin und Historikerin – Schwerpunkt Lateinamerika
Hölderlin Str.19
50968 Köln

hildegardstausberg@gmail.com
www.koelner-presseclub.de
www.latino-hub-rheinland.de
www.rio-cologne.de
Facebook: Hildegard Stausberg
· · · ·
Friederike Strate (S. 152)
Geschäftsführende Gesellschafterin,
Braumeisterin. Leitung Verkauf / Marketing /
Produktentwicklung

Simone Strate
Geschäftsführende Gesellschafterin
Dipl. Betriebswirtin. Kaufmännische Leitung

Privat-Brauerei Strate Detmold GmbH & Co.KG
Palaisstrasse 1-13
32756 Detmold

Tel. 05231 9 44 00 - 0   fax 05231 9 44 00 - 10
friederike.strate@brauerei-strate.de
www.brauerei-strate.de
Facebook: Brauerei Strate
· · · ·

Annette Thewes (S. 158)
Geschäftsinhaberin
NACHLASSagentur
ERBKOMPASS GmbH
Am Arndtplatz 9
53173 Bonn

Tel. 0228 36 80 853 (NACHLASSagentur)
Tel. 0228 35 49 62 (ERBKOMPASS GmbH)
annette.thewes@nachlassagentur.de
annette.thewes@erbkompass.de
www.nachlassagentur.de
www.erbkompasss.de
Facebook: Erbkompass
Instagram: erbkompass
· · · ·
Prof. Dr. med. Dr. Julia Vent (S. 164)
Alteburger Straße 336
50968 Köln

Tel. 0221 93 45 79 79   fax 0221 93 45 79 80
mobil 0172 48 61 313
info@profvent.de
www.profvent.de
Instagram: prof.julia.vent
· · · ·
Tatiana de Weber (S. 170)
Marienburger Str. 20
50968 Köln

mobil 0179 52 72 496
info@tatianadeweber.de
www.tatianadeweber.de
Facebook: Tatiana de Weber
Instagram: tatianadeweber.weddings
· · · ·
Andrea Widmann (S. 174)
Geschäftsführende Gesellschafterin
ECO Schulte GmbH & Co KG
Iserlohner Landstr. 89
58706 Menden

Tel. 02373 92 76-0   fax 02373 92 76-172
widmann@eco-schulte.de
www.eco-schulte.de
· · · ·
Gudrun Winner-Athens (S. 180)
Geschäftsführende Gesellschafterin
Winner Spedition GmbH & Co. KG
Brinkhofstraße 41
58642 Iserlohn

Tel. 02374 931-102   fax 02374 931-41 02
gwa@winner-spedition.de
www.winner-spedition.de
· · · ·

VITA REGINA SCHUMACHERS (TITELBILD)

Gesangstudium an den Musikhochschulen in Aachen
und Maastricht; Studium der Malerei und Zeichnung und
Meisterklasse bei Prof. Markus Lüpertz; Ausbildung in
Schauspiel, Sprechgesang, Performance und Creative
Writing. Gründungsmitglied der internationalen Künstler-
gruppe Breitengrad. Ankäufe durch Konzerne, Parteien und
Kunstsammler im In- und Ausland (Europa und Übersee)

Ausstellungen / Auswahl
Madrid, Salzburg, Kulturhauptstadt Ruhr, Kattowitz, Weltwirtschaftsgipfel Davos, München, Villach, Aachen

Messebeteiligungen
Art Ulm, Cologne Paper Art, Kölner Liste

Auszeichnungen
Ehrenhauer der letzten Zeche in Deutschland »Prosper
Haniel«, Bottrop, für »die Verdienste um Kunst und Kultur
im Bergbau«

ÜBER UNS

Die JGB edition noblesse konzipiert und realisiert exklusive Bücher in Kleinauflagen zu relevanten Themen aus Wirtschaft, Kultur und Gesellschaft, Unternehmensporträts und Unternehmer-/innen-Biografien. Redaktion: Christian Vogeler.

UNSERE NÄCHSTEN PROJEKTE

Starke Frauen 2

Im Folgeband zu diesem Buch werden wir wieder ca. 30 erfolgreiche Frauen porträtieren, dieses Mal auch außerhalb von NRW.

Starke Paare

Bei unseren Recherchen für unsere Buchprojekte sind wir oft auch Paaren begegnet, die ihre Unternehmung gemeinsam steuern. Einige spannende Biografien haben uns neugierig gemacht auf mehr. Daher möchten wir dieser Thematik einen eigenen repräsentativen Porträtband widmen.

Sie fühlen sich angesprochen und können sich ein Porträt in diesem Rahmen vorstellen? Gerne bieten wir Ihnen die Möglichkeit, sich an einem unserer Projekte zu beteiligen, womit Sie uns gleichzeitig ermöglichen, die Produktion unabhängig zu finanzieren und die Erstauflage zu veröffentlichen.

Sie haben Fragen dazu? Ich würde mich freuen von Ihnen zu hören und stehe für Ihre persönlichen Fragen gern per E-Mail unter

j@graefin-beissel.de zur Verfügung.

Jeannette Gräfin Beissel von Gymnich

JGB edition noblesse

Wikipedia - Jeannette Gräfin Beissel von Gymnich

AKTUELLE PUBLIKATIONEN VON JEANNETTE GRÄFIN BEISSEL VON GYMNICH

»Starke Frauen« – 31 Porträts von Frauen in Führungspositionen
»Männer – Leben, Träume & Passionen«
»The Story of a Brand – 40 Jahre Engel & Völkers«

In Arbeit
»Walter Brune – Sein Leben. Sein Werk« Biografie

 Als Mitherausgeberin für Bayer Foundations:
2016: »Mut durch Herausforderung – Pioniere in der Flüchtlingshilfe«
2017: »The Beauty of Impact - Innovation for Purpose / Health Edition«